Instantanés de la condition québécoise

Les Cahiers du Québec

Directeur des Cahiers: Robert Lahaise

Directeurs des collections:
Arts d'aujourd'hui: Jean-Pierre Duquette
Beaux-Arts: Serge Joyal
Cinéma: Luc Perreault
Cultures amérindiennes: Donat Savoie
Documents d'histoire: Marcel Trudel
Ecologie: Paul Thibault
Economie: Jacques Henry
Ethnologie: Jean-Claude Dupont
Géographie: Hugues Morrissette
Histoire: Jean-Pierre Wallot
Littérature: André Vanasse
Philosophie: Jean-Paul Brodeur et Georges Leroux
Science politique: André Bernard
Sociologie: Jacques Lazure
Textes et Documents littéraires: Jacques Allard

Représentant:
Claude Boucher pour l'Université de Sherbrooke

*Le Conseil des Arts du Canada
a accordé une subvention pour
la publication de cet ouvrage*

Maquette de la couverture:
Pierre Fleury

Illustration de la couverture:
Suzanne Leclair

Editions Hurtubise HMH, Ltée
380 ouest, rue St-Antoine
Montréal, Québec
H2Y 1J9
Canada

ISBN 0-7758-0128-3

*Dépôt légal / 4e trimestre 1977
Bibliothèque Nationale du Québec
Bibliothèque Nationale du Canada*

Jean-Pierre Boucher

Instantanés de la condition québécoise

Etudes de textes

Collection Littérature

Cahiers du Québec/Hurtubise HMH

Table des matières

Avertissement

On me dira que l'analyse de texte se ramène à une question de méthode, qu'il faut s'imprégner d'une méthode d'analyse dont il suffit ensuite de plaquer la grille toute neuve sur le texte pour que se révèlent ses moindres secrets. Je n'en suis pas sûr. Je pense avoir passé l'âge de la, ou des, méthode(s). Je suis éclectique: je prends mon bien où il se trouve.

Plutôt que de parler de méthode, je préfère parler d'une ligne de conduite qui me guide dans l'analyse des textes. Je m'efforce tout d'abord d'oublier tout ce que j'ai lu, même si je sais la chose impossible, et je me concentre sur le seul texte à analyser dont je ne sors pas. Devant ce texte que je lis et relis cent fois, je me pose un certain nombre de questions qui à leur tour en engendrent d'autres. Alors je me prends au jeu, comme à la lecture d'un roman policier — l'analyse de texte a d'ailleurs beaucoup de l'enquête policière —, et j'aboutis souvent à des conclusions auxquelles j'étais fort loin de penser en début d'analyse. Cet élément de mystère, d'imprévu, est pour moi le plus grand charme de l'analyse de texte.

Si j'essaie de rendre justice au texte et m'efforce de ne pas le trahir, je suis par ailleurs conscient que mon regard est nécessairement un prisme déformant. Puis-je ne pas voir à travers mon œil, à travers ma sensibilité, à travers tout ce que je suis? L'objectivité, ça n'existe pas. Je me méfie de ceux qui y prétendent et les tiens pour les subjectifs les plus dangereux, ceux qui s'ignorent. Nécessairement subjectif, j'essaie cependant de ne pas trop mettre le texte à la torture. Aussi les analyses des textes qui vont suivre ne sont sûrement pas les seules possibles, ni les meilleures, ni peut-être les bonnes. Mais la richesse d'un texte ne tient-elle pas précisément à la pluralité de lectures qu'elle suscite?

J'ai choisi délibérément d'écrire dans une langue simple, dépourvue autant qu'il se peut du jargon pseudo-scientifique souvent à la mode. Si j'écris, c'est pour être lu. Une littérature ne peut vivre qu'à cette condition. On a peut-être tendance aujourd'hui à oublier cette donnée fondamentale. Or, plusieurs écrivains et critiques contemporains s'expriment dans une langue si complexe qu'il n'y a pas un dixième de un pour cent du public capable de la comprendre. Au risque de paraître simpliste, je décrirai la pratique du critique de la façon suivante: le critique est un homme qui, parce qu'il en a le temps et peut-être aussi les dispositions et l'habitude, essaie de rendre un texte, souvent difficile, intelligible à ceux qui ne l'ont pas lu, ou n'ont pas disposé de suffisamment de temps pour l'analyser. Il est donc élémentaire que sa langue soit claire et simple, puisque le but poursuivi est de clarifier ce qui pourraît être obscur. Quand, à partir d'un texte en soi ardu, le critique produit un discours qui raffine encore sur l'hermétisme, je crois qu'il rate le but.

Un mot enfin sur mon choix de textes.[1] J'ai retenu onze textes d'auteurs différents — trois poètes et huit romanciers — dont chacun se situe à mon sens à un moment important de l'évolution de la société québécoise du vingtième siècle et illustre un aspect particulier de la condition québécoise. J'ai tenté de dégager la dimension esthético-sociologique de chacun de ces textes. Comme tout choix, le mien est certes discutable. Du moins m'accordera-t-on d'avoir retenu des auteurs majeurs de notre littérature, ce qui, je l'espère, placera déjà le lecteur en pays de connaissance. Une bibliographie sélective apparaît à la fin de chaque chapitre. Le lecteur y trouvera la liste des principaux ouvrages de chaque auteur et celle des études marquantes sur son œuvre.

J.-P. B.

1 Nous remercions les Éditions Fides, l'Actuelle, la Librairie Beauchemin, Le Cercle du livre de France, les Presses de l'Université de Montréal, les Éditions Parti pris, les Éditions Gallimard et la Librairie Ernest Flammarion, de nous avoir permis de reproduire certains textes de leurs auteurs.

Par le gros bout de la lorgnette...
Rêve de Watteau d'Emile Nelligan

Par le gros bout de la lorgnette...
Rêve de Watteau d'Emile Nelligan

Notre lecture d'un texte ou d'un auteur change avec les années. Notre point de vue varie au gré des expériences accumulées avec l'âge. Un auteur très goûté à une époque de notre vie ne l'est plus à la suivante. Un livre de chevet, qui nous suivait jusque dans le sommeil, prend désormais racine dans un rayon obscur de la bibliothèque.

Seuls quelques très rares écrivains échappent à ce purgatoire qui se transforme souvent en limbes ou en enfer: on arrive jusqu'à oublier ce qu'on a aimé, quand on ne renverse pas les idoles qu'hier encore on vénérait. L'œuvre d'Emile Nelligan est à cet égard exemplaire. La lecture de ses poèmes remue notre sensibilité d'adolescents. Passés l'adolescence, refroidis par la vie, nous sommes agacés par les langueurs et les trémolos de la poésie nelliganienne.

Même si l'œuvre de Nelligan doit se consommer jeune, elle n'en demeure pas moins intéressante pour un lecteur adulte, mais pour d'autres motifs que ceux de l'adolescent. *Rêve de Watteau* n'est ni le poème de Nelligan le plus connu, ni peut-être le plus beau. Il réunit cependant plusieurs des thèmes majeurs de l'œuvre et de la pensée nelliganiennes en même temps qu'il offre un portrait saisissant de l'idéologie dominante de la société québécoise au tournant du siècle, idéologie axée sur la préservation des traits particuliers du groupe ethnique québécois et caractérisée par l'inadéquation au réel et le repli dans des valeurs-refuge. En ce sens Nelligan est un poète authentiquement québécois: son œuvre reflète un trait essentiel de l'âme québécoise de l'époque: le besoin et la recherche de l'exotisme.

L'attitude de Nelligan s'apparente à celle de toute une intelligentsia québécoise de l'époque qui, alors que le Canada et les Etats-Unis s'industrialisaient et s'urbanisaient, prônait la supériorité de la charrue sur l'industrie, refusant l'évidence: une époque était révolue et nous n'avions pas le choix, pour survivre, d'accepter ou de refuser la suivante. Il fallait foncer tête baissée dans la vie, comme le nouveau-né. Nous nous sommes présentés à l'accouchement par le siège, désireux de retarder le plus possible notre naissance. La deuxième guerre mondiale fut pour nous une césarienne imprévue qui nous donna une vie dont nous ne voulions pas.

Rêve de Watteau, illustre ce refus de la vie réelle et concrète, trait profond de notre personnalité, toujours vivant à notre époque, si j'en juge par la popularité plus grande que jamais de l'œuvre de Nelligan dont on a même fait des chansons.

Rêve de Watteau [1]

Quand les pastours, aux soirs des crépuscules roux
Menant leurs grands boucs noirs aux râles d'or des flûtes,
Vers le hameau natal, de par delà les buttes,
S'en revenaient, le long des champs piqués de houx;

Bohèmes écoliers, âmes vierges de luttes,
Pleines de blanc naguère et de jours sans courroux,
En rupture d'étude, aux bois jonchés de brous
Nous allions, gouailleurs, prêtant l'oreille aux chutes

Des ruisseaux, dans le val que longeait en jappant
Le petit chien berger des calmes fils de Pan
Dont le pipeau qui pleure appelle, tout au loin.

Puis, las, nous nous couchions, frissonnants jusqu'aux moelles,
Et parfois, radieux, dans nos palais de foin,
Nous déjeunions d'aurore et nous soupions d'étoiles...

1 Emile Nelligan, *Poésies complètes 1896-1899,* texte établi et annoté par Luc Lacoursière, Fides, Collection du nénuphar, Montréal, 1952, p. 103
   Luc Lacoursière indique que ce poème fut d'abord accepté à la séance du 9 décembre 1898 de l'Ecole littéraire de Montréal, puis lu lors de la séance publique du 29 décembre suivant, enfin publié en 1900 sous le titre *Un rêve de Watteau* dans *Les Soirées du Château de Ramesay.*

La prépondérance du passé sur le présent marque tout le poème, et ce dès le premier vers: «Quand les pastours,...». Si le point de vue de Nelligan est situé dans le présent, il constitue cependant un regard rétrospectif sur un passé idyllique et révolu. En vérité le présent est quasi absent du poème, enfermé presque hermétiquement dans le passé. Le présent semble dépourvu d'existence et d'épaisseur propres. Nelligan n'y fait allusion que par opposition au passé: «Bohèmes écoliers, âmes vierges de luttes, Pleines de blanc naguère et de jours sans courroux». «Naguère» révèle que entre hier et aujourd'hui quelque chose s'est passé, qu'aujourd'hui déçoit et n'est pas à la hauteur de ce qu'était hier. Cette constatation, importante en soi, l'est aussi à un autre titre. Loin de provoquer chez le poète le désir de transformer concrètement le présent et d'agir sur lui, elle l'incline instinctivement à tourner le dos au présent et à s'abîmer dans la reconstitution imaginaire du passé embelli par le rêve. Tout dans le poème dénote la volonté de se barricader dans un passé auquel le poète s'emploie à attribuer les caractéristiques de la vie. Les nombreux imparfaits donnent à ce passé pourtant révolu existence et durée dans lesquelles se complaît le poète au point d'oublier son point de départ, le présent. La fin du poème, au lieu de nous ramener au présent, débouche, au-delà des trois points («et nous soupions d'étoiles...»), sur un temps suspendu, infini, qui est celui de la contemplation. Le poète laisse à la vie réelle le soin de continuer son cours comme elle pourra. Replié sur soi, il refuse la vie réelle.

Avant de s'interroger sur les causes et les significations de ce repli, arrêtons-nous sur cette notion de passé pour tenter d'en découvrir la nature.

Le passé est peint aux couleurs de l'exotisme, le poème étant placé à l'enseigne du rêve, la voie royale nelliganienne pour s'évader du réel. Cet exotisme est tout d'abord à double fond historique. Nelligan fait directement allusion au peintre Antoine Watteau (1684-1721) dont les sujets de prédilection sont des fêtes champêtres et galantes souvent situées dans le décor de l'Arcadie antique, havre de l'innocence et du bonheur. Le poète évoque ainsi à travers les «calmes fils de Pan», le dieu protecteur des bois et des pâturages, des bergers et des troupeaux, symbole de la vie universelle.

La nature décrite dans le poème n'a par ailleurs que peu ou pas de ressemblance avec celle, réelle, que Nelligan a connue. C'est une nature embellie, plus proche de l'Arcadie que le poète a pu imaginer à travers ses lectures ou les tableaux de Watteau que la nature québécoise. La description qu'il en donne réunit tous les éléments qui en font un type, celui du tableau bucolique. Crépuscules roux, champs piqués de houx, bois jonchés de brous, chutes de ruisseaux, val et buttes, constituent un décor figé où se balladent des personnages stéréotypés, pastours et calmes fils de Pan, accompagnés de l'immanquable petit chien berger, et jouant de la flûte et du pipeau — symbole de la poésie pastorale — pendant que se profile à l'arrière-plan le hameau natal. Dans un pareil décor désincarné, il n'est pas surprenant que l'on déjeûne d'aurore et que l'on soupe d'étoiles. La nature nelliganienne est une nature rêvée, imaginée, et ce, en dépit du fait que le poète a certainement vu la nature québécoise, ne serait-ce que pendant ses séjours estivaux à Cacouna. Nelligan choisit plutôt d'oublier ce qu'il a vu, d'effacer le réel de son esprit et de lui substituer une image plus conforme à ses aspirations. Toute la scène baigne dans une lumière à la fois chaude et blanche: les crépuscules roux, les déjeûners d'aurore, les champs piqués de houx, les râles d'or des flûtes, apportent au tableau chaleur et richesse, tandis que la lumière des étoiles, les âmes vierges et pleines de blanc, l'enveloppent de fraîcheur et de pureté. Une seule ombre au tableau, mais de taille et sur laquelle nous reviendrons, les «grands boucs noirs».

Le vocabulaire utilisé illustre encore davantage cette volonté d'exotisme. Le poète recherche constamment l'expression poétique, raffinée, volontairement éloignée du mot ou de l'expression usuels, dans le but évident de mettre le plus de distance possible entre lui et le réel. Incapable de supporter la vue du réel, Nelligan s'applique à le déconcrétiser, à le dénaturer en l'embellissant. Chez lui les bergers sont des pastours (terme vieilli et littéraire), les soirs sont des crépuscules, les sons de la flûte, des râles d'or, le village natal devient le hameau natal, les collines sont des buttes, une vallée désignée par le terme vieilli val, les champs sont «piqués» de houx. Il substitue au mot populaire le terme recherché et poétique; courroux à colère, pipeau à flûte à bec, moelles à os. Il utilise volontiers le mot rare: «bois jonchés de brous». Bref, Nelligan opère sur le réel une transformation radicale: il s'efforce de le transformer en le nommant différemment comme s'il était en son pouvoir de changer la nature des choses en en changeant le nom. Son erreur — en cela exemplaire puisque quasi universelle — est d'avoir cru à la puissance des mots. La folie, à plus ou moins grande échelle, n'est alors qu'une question de temps. Folie heureuse si, après s'être affranchi ainsi d'un réel décevant, l'individu accède à un monde nouveau, aérien, construit sur mesure pour lui. Folie désespérée si, après avoir cru à cette puissance des mots, il s'écrase comme Icare, les ailes brûlées par un soleil qui ne permet pas qu'on l'oublie. Folie dans tous les cas qui témoigne d'un équilibre mental et physique pour le moins chancelant. L'homme ne doit-il pas d'avoir survécu grâce à sa capacité d'adaptation au réel?

L'utilisation de périphrases poétiques au lieu de termes simples et usuels, ainsi que la transformation d'expressions clichés soulignent à nouveau la volonté de Nelligan de s'élever au-dessus du réel. Le poète transforme d'humbles bergers en «fils de Pan», et de prosaïques meules ou veillottes de foin se métamorphosent sous sa plume en «palais de foin». Il modifie des expressions connues dans le sens d'un éloignement du concret: en rupture de ban devient «en rupture d'étude», frissonner jusqu'aux os devient «jusqu'aux moelles» où le pluriel poétique ne désigne plus la substance de l'intérieur des os mais le tréfonds de l'être. Le dernier vers, «Nous déjeunions d'aurore et nous soupions d'étoiles», marque le sommet de cette volonté de déconcrétisation: même la nourriture est sujette à caution et jugée trop lourde, pas assez aérienne.

Le recours systématique au pluriel ajoute encore à la volonté d'obscurcissement et d'embellissement du réel. Les pluriels confèrent au tableau richesse et luminosité comme si tous ces éléments ainsi multipliés manifestaient une prolifération quasi inépuisable de la vie, de la nature en particulier: «aux soirs des crépuscules roux», «les buttes», «le long des champs piqués de houx», «aux bois jonchés de brous», «aux chutes des ruisseaux», «dans nos palais de foin», «leurs grands boucs noirs», «aux râles d'or des flûtes», «les pastours», les «calmes fils de Pan». L'utilisation de la première personne du pluriel au lieu du *Je* — «nous allions», «nous nous couchions», «nous déjeunions», «nous soupions» — qui renvoie aux «bohèmes écoliers», révèle que Nelligan perçoit le temps passé, vers lequel il retourne avec bonheur pour fuir le présent, comme un temps où il n'avait pas d'existence individuelle et où il se fondait au sein d'un grand tout. Par ailleurs «les luttes», et les «jours sans courroux», en raison même des pluriels, véhiculent une menace, qu'il faudra plus loin tenter d'identifier, mais que le poète perçoit si sérieuse et si concrète qu'il l'obscurcit comme pour ne plus la ressentir. Tous ces pluriels ne font que mieux ressortir un singulier à valeur symbolique très nette. Les pastours, et avec eux Nelligan, reviennent «vers le hameau natal», point de départ parfaitement identifié dont l'attrait tient précisément au fait qu'il soit unique.

Les sonorités et le rythme des vers enveloppent le tableau rêvé de musicalité et d'harmonie. C'est un tableau sonore puisqu'on entend le chant des flûtes et du pipeau, les chutes des ruisseaux et le jappement du petit chien berger, autant de sons associés à une scène bucolique. Le souci musical de Nelligan lui fait rechercher l'allitération — «Menant leurs grands boucs noirs aux râles d'or des flûtes», «Dont le pipeau qui pleure appelle, tout au loin» — ainsi que le rejet évocateur — «prêtant l'oreille aux chutes / Des ruisseaux». Mais plus importante encore, la coupe régulière des vers — tous des alexandrins — manifeste cette volonté d'harmonie musicale. Seul le douzième vers — «Puis, las, nous nous couchions, frissonnant jusqu'aux moelles» — coupé 1/1/4/6, s'éloigne sensiblement de la norme 6/6, 4/8 ou même 3/9. Ce vers marque d'ailleurs le sommet du trouble intérieur du poète. L'équilibre cependant est très tôt rétabli comme en témoigne le dernier vers — «Nous déjeunions d'aurore et nous soupions d'étoiles» — le plus parfait du poème, qui traduit l'affranchissement complet du réel.

A cette recherche d'éloignement et d'embellissement du réel au plan lexical et stylistique répond une recherche similaire au plan syntaxique. Le poème se divise en deux volets constitués dans chaque cas d'une seule phrase mais de volume très différent. Les onze premiers vers forment une seule longue phrase dont la syntaxe éclaire la volonté déjà notée du poète de fuir le présent, de retourner dans le passé et, si possible, de s'y enfermer. Le premier quatrain est formé d'une subordonnée antéposée par rapport à la principale qui n'apparaît qu'au second quatrain et dont le verbe — «nous allions» — est rejeté au huitième vers. Cette subordonnée obéit à son tour à la même structure de rejet de son verbe au début du quatrième vers — «s'en revenaient». Entre le sujet, «les pastours», et le verbe, «s'en revenaient», sont intercalés des circonstanciels — «aux soirs des crépuscules roux», «vers le hameau natal», «de par delà les buttes» — et une relative. La principale, qui s'étend sur le deuxième quatrain et le premier tercet, est régie par la même structure. Entre le sujet, «Bohèmes écoliers», et le verbe, «allions», sont placées deux appositions, une complétive et une circonstancielle.

L'antéposition de la subordonnée, de la disjonction de la structure sujet-verbe, et la similarité de construction entre la subordonnée à la principale, sont significatives à plus d'un titre. L'antéposition de la subordonnée épouse dans sa forme même, qui est celle d'un ordre inversé, l'idée centrale du poème, le retour dans le passé. Nelligan désire freiner la suite des choses, l'évolution du temps qui le fait inexorablement passer de l'enfance à l'âge adulte. Tout naturellement cette structure de pensée trouve son expression dans le renversement de l'ordre syntaxique logique. De même, la séparation du sujet et du verbe, rejetés dans chaque cas quatre vers plus loin, traduit l'opposition à un ordre purement linéaire où les compléments suivent le verbe à la file. Enfin, la construction identique de la subordonnée et de la principale met en équivalence deux verbes, «s'en revenaient» et «nous allions», postés au même endroit des quatrains, le début du quatrième vers, et donc deux actions qui tendent à se superposer et à n'en faire plus qu'une, Nelligan s'associant aux pastours comme le précise la temporelle de simultanéité: «Quand les pastours (...) s'en revenaient, (...) Bohèmes écoliers (...) nous allions». Nous assistons en fait à une même action — celle du retour au passé, au point de départ, associé à un lieu clos et protecteur — mais située à trois niveaux. Premier niveau: les pastours, au soir, s'en reviennent vers le hameau natal. Deuxième niveau: simultanément à l'action des pastours, le jeune Nelligan revient de l'école par le chemin des écoliers au bout duquel il se couche dans des palais de foin. Troisième niveau: le poète fuit le présent en recréant son passé embelli par le rêve et par la magie de son art: c'est pourquoi il choisit instinctivement pour évoquer ce paradis perdu de l'enfance la forme parfaite, fixe et brillante du sonnet, symbole de l'univers raffiné et protecteur à l'intérieur duquel il veut s'enfermer.

Notons, à l'appui de ce désir du poète de tourner résolument le dos au réel et de se barricader à l'intérieur de son univers imaginaire, la disproportion du volume des compléments qui suivent les verbes de la subordonnée et de la principale. Le verbe de la subordonnée n'est suivi que d'un seul complément: «le long des champs piqués de houx». Par contre, les compléments du verbe de la principale s'étendent sur presque quatre vers, les relatives s'enchaînant l'une l'autre, dans une volonté bien évidente d'insuffler à cet instant recréé consistance et durée. D'ailleurs, le deuxième volet du poème — le deuxième tercet — n'en est pas un à proprement parler, du moins si l'on entend par là un deuxième mouvement. En fait les trois derniers vers sont tout le contraire d'un nouveau mouvement, constituant plutôt la continuation et la consécration du sommet atteint précédemment. Les onze premiers vers marquent la réussite du retour dans le passé, dans l'enfance. Les trois derniers vers préservent cette victoire sur le temps de deux façons: en ne faisant aucune allusion au présent du poète et surtout en rétablissant un ordre syntaxique logique — sujet, verbe, complément — signe que le poète s'installe définitivement dans son univers imaginaire.

La valeur des imparfaits est à cet égard cependant quelque peu ambivalente. D'une part, les imparfaits confèrent à l'instant recréé la durée sans laquelle il risque d'être emporté par le présent qui poursuit sa course. L'imparfait permet à l'instant recréé d'être plus qu'une halte, le transforme en un univers habitable. Cette dimension de l'imparfait qui le rapproche d'un présent — Nelligan passe d'ailleurs de l'imparfait au présent avec «Dont le pipeau qui pleure appelle» — est particulièrement sensible dans le dernier tercet, apothéose s'ouvrant sur l'éternité. Mais, d'autre part, les imparfaits, joints à la temporelle qui ouvre le poème, «Quand les pastours...», placent aussi tout le tableau sous le signe du temps passé, c'est-à-dire d'un temps révolu auquel le présent presque complètement évacué ne répond pas. On ne peut alors éviter de se poser la question fatidique: Qu'en est-il du poète aujourd'hui? Pourquoi cherche-t-il à fuir dans le passé?

Le poème fournit en clair les réponses à ces questions. Si le poète cherche si vivement à s'enfermer dans le passé c'est que celui-ci est associé à l'enfance, temps par excellence de la pureté. Si, en revanche, il fuit le présent, c'est que celui-ci est associé à l'âge adulte et à la découverte de la sexualité. Entre l'enfance et l'âge adulte quelque chose s'est passé qui a rompu l'idéal de beauté et de pureté de l'enfance. Ce quelque chose, il semble bien que ce soit la puberté, la découverte du sexe. Pour décrire l'enfant qu'il était, Nelligan utilise des mots révélateurs. «Bohèmes écoliers» souligne l'absence de souci et de règles qui prévalaient dans l'enfance. «Ames vierges de luttes» est encore plus clair, évoquant une virginité qui n'était même pas menacée. L'expression énoncée au passé affirme donc son contraire dans le présent. Aujourd'hui les âmes ne sont plus vierges de luttes. De quelles luttes s'agit-il? Sont-ce des luttes reliées à la découverte de la sexualité? Ces âmes étaient aussi «pleines de blanc naguère». La couleur blanche, ajoutée à l'épithète «vierges», ne laisse plus de doute: il s'agit bien de la pureté associée à la virginité. Le «naguère» est incisif comme une constatation irréfutable: la pureté de l'enfance innocente est chose définitivement révolue, et ce changement d'état est senti par le poète comme mauvais, voire traumatisant. Nelligan ajoute à la description de son âme enfantine un élément important: «Pleines de blanc naguère et de jours sans courroux». Si autrefois la notion même de lutte n'existait pas, aujourd'hui il y a lutte âpre qui excite le courroux du poète, son trouble, son irritation contre l'offenseur. Quel est l'objet de ce courroux? Qui est cet offenseur? La cause du courroux, c'est évidemment la sexualité. L'offenseur, le poète, troublé au plus profond de lui-même par les changements qui se sont produits en lui, par ses réactions, par ses actes.

Le premier quatrain et le deuxième tercet, vus sous cet éclairage, prennent un sens précis. Si l'on se souvient que le poème met en parallèle l'action des pastours et celle des bohèmes écoliers dont fait partie le poète, on est frappé par le deuxième vers: «Menant leurs grands boucs noirs aux râles d'or des flûtes, / Vers le hameau natal,». Les troupeaux de boucs sont rares. On élève plutôt des chèvres. Pourquoi mentionner uniquement les boucs si ce n'est parce qu'ils sont le symbole d'autre chose? A la pureté et à la virginité de l'enfance est associée une scène: les pastours ramènent vers le hameau natal leurs grands boucs noirs. Sans donner dans la psychocritique intempestive, le symbolisme sexuel est évident. Le bouc est un symbole sexuel mâle. L'épithète «noirs» confirme que le poète perçoit la sexualité comme une chose mauvaise — l'expression «boucs noirs» fait penser à «mouton noir» et aussi à «bouc émissaire». Enfant, le poète innocent, parce qu'ignorant de la sexualité, maîtrisait inconsciemment ses instincts sexuels encore à l'état embryonnaire, ce qu'illustre l'image des bergers dominant et guidant leurs grands boucs noirs vers le hameau natal, sous la protection du dieu Pan, dieu protecteur des bergers et des troupeaux, dieu que la mythologie décrivait avec les jambes, les cornes et le poil d'un bouc, dieu personnifiant aussi la vie universelle.

Mais comme l'association entre l'action des pastours et celle des écoliers se situe dans le passé, on peut se demander ce qu'il advient aujourd'hui. Le deuxième quatrain indique que les choses ont changé: le présent n'est pas à l'image du passé. L'équivalence entre l'âme du poète adulte et la scène du premier quatrain ne peut être rétablie qu'à la condition d'introduire une négation au deuxième vers: les pastours ne mènent plus leurs grands boucs noirs vers le hameau natal, comme le poète ne domine plus des instincts sexuels qui éclatent désormais au grand jour. Le deuxième tercet est révélateur. S'il décrit des actions anodines associées à l'enfance, il décrit aussi en filigrane, à la lumière de ce que nous venons de voir, la situation du poète adulte. Si, en ce temps-là, l'enfant qu'il était se couchait en frissonnant dans le foin, et déjeunait d'aurore et soupait d'étoiles, qu'en est-il aujourd'hui? Dans quel lit couche-t-il? Avec qui? De quelles coucheries s'agit-il? De quel frisson tout son être est-il secoué? Déjeune-t-il encore d'aurore et soupe-t-il d'étoiles? La poésie est-elle encore la seule nourriture dont il se sustente ou bien a-t-il faim et soif de nourriture plus terrestre?

Une chose est cependant certaine: Nelligan tourne le dos au réel; à la nécessité du combat ou de l'acceptation, il choisit instinctivement la fuite dans le passé. Absence au réel et angélisme caractéristiques de l'âme québécoise qui, évidemment, ne résolvent rien. Nier le réel ne suffit pas à le faire évanouir comme par magie. A la limite, cette attitude conduit à l'échec, à la névrose, à la folie. L'évocation du passé et de l'enfance célèbre donc un état où il y a absence de combat. Le poète se décrit parmi de «bohèmes écoliers», «en rupture d'étude», menant une vie vagabonde, sans règle ni souci du lendemain, comme le révèlent leurs âmes vierges de luttes, blanches, sans courroux, gouailleuses, radieuses. A ces «bohèmes écoliers» font pendant les «calmes fils de Pan», calmes parce qu'ils conduisent sans heurt leurs grands boucs noirs. Nelligan n'a ni le goût ni la force d'engager le combat, de trouver une solution concrète. Au réel pour lui insupportable, il substitue un réel imaginaire dans un geste qu'il croit devoir lui assurer paix et tranquillité. On comprend son désespoir lorsqu'il découvrira trop tard la futilité de son refus du réel.

Comportement maladif, repli sur soi qu'il faut relier au désir plus ou moins conscient de retrouver la matrice où l'on a été conçu, tendance suicidaire qui a ceci de particulier, que l'on tente d'échapper à la vie non pas en avançant son point terminal, la mort, mais en tentant de retourner en arrière pour réintégrer l'état et le lieu d'avant la naissance, d'avant le début de la vie. Tout dans le poème souligne cette volonté de repli sur soi. Au plan stylistique, la forme même du poème, un sonnet, est éloquente. Nelligan a choisi d'instinct cette forme traditionnelle fixe qui, peut-être plus qu'aucune autre, offre l'image d'un moule protecteur dans lequel il s'emprisonne. Qu'il n'ait pas choisi une forme plus libre pour s'exprimer, qu'il ait recherché le corset rigide du sonnet, bloc hermétique au monde extérieur, indique bien chez lui la crainte maladive du réel. Au plan purement lexical, certains mots et certaines actions ont dans cette optique un sens clair. Que font les écoliers dont fait partie Nelligan? Ils se couchent en frissonnant jusqu'aux moelles. La position couchée, par rapport à la station debout, s'apparente à un stade pré-natal. L'attention est fortement tournée vers l'intérieur comme l'indique le «jusqu'aux moelles» qui signifie ici le tréfonds de l'être. Où les écoliers se couchent-ils? «Dans nos palais de foin», lieu clos, chaud, douillet, image parfaite de la matrice retrouvée. La simultanéité de l'action des écoliers avec celle des pastours confirme cette recherche du repli sur soi. Que font ces pastours? Essentiellement, ils reviennent à leur point de départ, ramenant, le soir venu, leur troupeau «vers le hameau natal.» Le hameau natal, c'est l'endroit où l'on est né. Le hameau, c'est aussi, à l'écart du village dont il se distingue, une agglomération de quelques maisons. Retour au point de départ, à la source même de la vie, besoin de solitude, autant d'éléments qui unissent l'action des pastours et celle du poète adulte.

C'est en dernier ressort la conception nelliganienne de l'art qui se dégage de tout le poème: l'art, moyen privilégié de mater le réel par le rêve — ce mot clé de l'œuvre nelliganienne apparaît dans le titre même du poème. Art compensatoire dont la fonction première est de permettre à celui qui s'y adonne de s'affranchir des contingences matérielles et qui, à la limite, tient lieu de religion. Cette conception de l'art est énoncée dans le poème à deux niveaux: celui des pastours, doubles du poète, et celui du poète lui-même.

L'action des pastours a en effet un deuxième niveau de sens. Que font-ils? Ils maîtrisent leurs grands boucs noirs, symbole du réel mauvais. Comment? Grâce aux râles d'or des flûtes et au pipeau qui pleure, en d'autres mots grâce à leur art musical. Il faut donner dans ce contexte tout son sens au mot pipeau. Le pipeau est une flûte champêtre, symbole de la poésie pastorale. Il désigne aussi un appeau, instrument avec lequel on imite le cri des oiseaux pour les attirer au piège. Le jeu des pastours, associé à l'art musical et à la poésie pastorale, leur permet de neutraliser et de circonvenir leurs grands boucs noirs, image du réel menaçant. En est-il autrement de Nelligan? L'étude des thèmes et des réseaux lexicaux, des procédés stylistiques et des techniques de composition, le choix même de la forme fixe du sonnet, tout indique dans ce poème la recherche constante de musicalité, la volonté de création d'un univers imaginaire propre à corriger le réel en s'y superposant, à le vaincre en l'embellissant par le rêve.

La poésie a donc pour Nelligan fonction de faire oublier le réel avilissant et angoissant en évoquant un univers plus parfait, idéal, correspondant aux désirs du poète. L'écriture donne à ce rêve la consistance nécessaire, lui conférant toutes les apparences du réel. Cette conception de l'art et de la littérature coupée du réel (comme s'il ne devait y avoir que le moins de liens possibles entre le réel et l'écrit), alliée à l'évocation du passé et de l'enfance et au besoin profond de repli sur soi, font de Nelligan le prototype de l'écrivain colonisé, évidemment non conscient de son état, membre d'une société qui pose comme idéal à l'écrivain la recherche d'une forme parfaite en art qui puisse compenser pour un réel dégradant et permettre de l'oublier. Le résultat concret d'une telle attitude est clair: la permanence du statu quo, en fait il faudrait parler de régression, dans tous les secteurs de la vie d'une telle collectivité, culturelle, sociale, économique et politique. La conception nelliganienne de l'art correspond à celle qu'a stigmatisée Hubert Aquin dans son percutant «Profession: Ecrivain»[2]. Nelligan est-il étranger à son époque? Oui, bien sûr. Mais en raison même de sa volonté d'être étranger à son époque et à son milieu, il en est parfaitement représentatif. Les régionalistes, contemporains de Nelligan, Albert Ferland et les autres, pour faire plus couleur locale, ne se sont-ils pas complu à leur manière dans un univers tout aussi rêvé que celui de Nelligan?

---

2 Hubert Aquin, «Profession: Ecrivain», publié dans la revue *Parti pris* de décembre 1963 et repris dans *Point de fuite*, Le Cercle du livre de France, Montréal, 1971, pp. 47 à 59.

Emile Nelligan (1879-1941)

Œuvres d'Emile Nelligan

Emile Nelligan et son œuvre, Montréal, Beauchemin, 1904, XXXIV
— 164 p. Première édition des poésies de Nelligan préparée par
Louis Dantin, auteur de la préface.

Poésies complètes 1896-1899, Montréal, Fides, «Nénuphar», 1952,
331 p. Texte établi et annoté par Luc Lacoursière.

Etudes sur Nelligan
Ouvrages

Ethier-Blais Jean (sous la direction de), *Nelligan, Poésie rêvée Poésie
vécue,* Montréal, Cercle du livre de France, 1969, 192 p.

Samson, Jean-Noël (sous la direction de), *Emile Nelligan,* Dossier
de documentation sur la littérature canadienne-française, Montréal, Fides, 1968, 104 p.

Wyczynski, Paul, *Emile Nelligan — Sources et originalité de son
œuvre,* Ottawa, éditions de l'Université d'Ottawa, 1960, 349 p.
    Emile Nelligan, Montréal, Fides, «Ecrivains canadiens d'au-
jourd'hui», 1967, 191 p.
    Nelligan et la musique, Ottawa, éditions de l'Université
d'Ottawa, 1971, 145 p.

Articles et chapitres d'ouvrages

Bessette, Gérard, «Emile Nelligan», dans *Les Images en poésie
canadienne-française,* Montréal, Beauchemin, 1960, pp. 215-274.
    «Nelligan et les remous de son subsconscient», dans *L'école
littéraire de Montréal,* «Archives des lettres canadiennes», t. 2,
Ottawa, Fides, 1963, pp. 131-149.

Bissonnette, Pierrette et Jean-Pierre Bouchard, «Analyse du *Clavier
d'antan»,* dans *La Revue de l'Université d'Ottawa,* oct.-déc.
1970, pp. 597-604.

Ethier-Blais, Jean, «Ecole littéraire de Montréal — A l'ombre de Nelligan», dans *Signets II,* Montréal, Cercle du livre de France, 1967, pp. 77-84.

Robidoux, Réjean, «La signification de Nelligan», dans *La Poésie canadienne-française,* «Archives des lettres canadiennes», t. 4, Ottawa, Fides, 1969, pp. 305-321.

Smith, D., «Nelligan et le feu», dans *Voix et images du pays VII,* Montréal, Les Presses de l'Université du Québec, 1973, pp. 113-119.

Wyczynski, Paul, «Emile Nelligan, Poète de l'inquiétude», dans *Poésie et Symbole,* Montréal, Déom, 1965, pp. 81-108.

«Emile Nelligan», dans *La Poésie canadienne-française,* «Archives des lettres canadiennes», t. 4, Ottawa, Fides, 1969, pp. 79-84.

...*Et par le petit bout*
La Scouine d'Albert Laberge

...*Et par le petit bout*
La Scouine d'Albert Laberge

On a peine à croire qu'Albert Laberge est de la même génération qu'Emile Nelligan — en fait il est son aîné de huit ans — et que tous deux firent partie de l'Ecole littéraire de Montréal, tellement leurs œuvres sont aux antipodes. Alors que Nelligan invente un monde imaginaire pour s'arracher d'un réel insupportable, Laberge, au contraire, a scruté ce réel avec une précision jugée indécente à son époque et aux suivantes, à preuve le long purgatoire dans lequel il a été tenu et dont il n'est sorti que depuis un peu plus de dix ans, soit après sa mort survenue en 1960.

On peut juger de l'ostracisme dont il fut frappé par les ennuis que lui occasionna la parution de son roman, *La Scouine,* en 1918, et dont il évoque lui-même les circonstances: «Les ennuis commencèrent lorsque je publiai un chapitre du roman dans *la Semaine,* journal fondé par le camarade Gustave Comte, qui n'en était alors qu'à son troisième numéro. L'attaque fut brutale et elle vint de haut. Ce fut en effet *la Semaine religieuse,* l'organe de l'évêque Bruchési qui, en dépit de plates excuses, annonça la condamnation de la feuille en question. L'auteur du conte *les Foins* fut qualifié de pornographe. Pour un coup de crosse, c'était un rude coup de crosse, un peu comme un coup de bâton de policeman sur la tête d'un malfaiteur. Pornographe. Mais ce n'est pas tout. L'évêque tenta de me faire perdre mon emploi à *La Presse.*»[1]

L'accusation de pornographie est révélatrice de la mentalité de l'époque pour qui toute vérité n'est pas bonne à dire particulière-

---

1 Albert Laberge, *Propos sur nos écrivains,* pp. 103-104, cité par Gérard Bessette, *Anthologie d'Albert Laberge,* Le Cercle du livre de France, Montréal, 1962, pp. 273-274.

ment quand elle va à l'encontre de l'idéologie messianique et agriculturiste prônée par l'intelligentsia canadienne-française d'alors. Le
crime d'Albert Laberge est tout simplement d'avoir décrit le réel tel
qu'il le voyait, sans l'embellir et sans jeter sur des scènes trop crues un
voile pudique. On comprend la colère et l'inquiétude des gens en place
dont le roman de Laberge dénonçait en filigrane le mensonge, l'escro-
querie et surtout l'intérêt que les choses continuassent d'aller leur
train, c'est-à-dire mal. N'étaient-ils pas les grands bénéficiaires de ce
bordel de pays? Ce n'est pas un hasard si l'œuvre de Laberge fut tirée
des oubliettes où on l'avait jetée au début de la dernière décennie, soit
au même moment où l'on diagnostiquait sans fard le mal qui ronge la
collectivité québécoise, le colonialisme qui abaisse l'être québécois au
rang de sous-homme. Point n'est besoin de chercher loin dans *La
Scouine* pour trouver une illustration de la manière de Laberge: le
début du roman est exemplaire.

La Scouine[2]

> *De son grand couteau pointu à manche de bois noir, Urgèle
> Deschamps, assis au haut bout de la table, traça rapidement
> une croix sur la miche que sa femme Mâço venait de sortir de
> la huche. Ayant ainsi marqué du signe de la rédemption le
> pain du souper, l'homme se mit à le couper par morceaux
> qu'il empilait devant lui. Son pouce laissait sur chaque
> tranche une large tache noire. C'était là un aliment massif, au
> goût sur et amer. Lorsqu'il eut fini sa besogne, Deschamps
> ramassa soigneusement dans le creux de sa main les miettes à
> côté de son assiette et les avala d'un coup de langue. Pour se
> désaltérer, il prit une terrine de lait posée là tout près, et se mit
> à boire à longs traits, en faisant entendre, de la gorge, un
> sonore glouglou. Après avoir remis le vaisseau à sa place, il
> s'essuya les lèvres du revers de sa main sale et calleuse. Une
> chandelle posée dans une soucoupe de faïence ébréchée,
> mettait un rayonnement à sa figure barbue et fruste de
> travailleur des champs. L'autre bout de la table était à peine
> éclairé, et le reste de la chambre disparaissait dans une ombre
> vague.*

---

2 Albert Laberge, *La Scouine*, Montréal, Les éditions de l'Actuelle, 1972, pp. 1-2.

Un grand silence régnait, ce silence triste et froid qui suit les journées de dur labeur. Et Mâço allait et venait, avec son ventre énorme, et son goître semblable à un battant de cloche qui lui retombait ballant sur la poitrine.

Elle parla:

— Mon vieux, j'cré ben que j'vas être malade.

— A soir?

— J'cré qu'oui.

— Ca serait teut ben mieux d'aller cri le docteur.

— J'cré qu'oui.

— J'irai après manger.

Dans la pièce où l'ombre écrasait le faible jet de lumière, le silence se fit plus profond, plus lourd.

Une première lecture du passage illustre la volonté de réalisme de l'auteur. Le choix du genre romanesque, qui n'avait pas bonne presse dans le Québec d'alors, est en soi révélateur. Contrairement à Nelligan et à la majorité des membres de l'Ecole littéraire de Montréal, Laberge n'utilise pas la poésie comme médium. Le roman, qui est narration et discours, lui semble plus apte à décrire le réel tel qu'il le voit et non tel qu'il voudrait qu'il soit. Il s'interdit de rêver, comme, dans son œuvre, l'implacable réalité finit toujours par briser les rêves des rares personnages ayant la capacité intellectuelle de rêver.

La richesse et la variété des tours syntaxiques utilisés dans la qualification du vocabulaire témoignent éloquemment de la volonté descriptive et réaliste de Laberge. Tout lui est bon pour apporter un surcroît de précision. Certaines expressions sont particulièrement riches à cet égard: «De son grand couteau pointu à manche de bois noir»; «ramassa soigneusement dans le creux de sa main les miettes à côté de son assiette»; «se mit à boire à longs traits, en faisant entendre, de la gorge, un sonore glouglou». Ces trois phrases donnent l'impression que Laberge craint d'oublier un détail et qu'il ajoute en cours de rédaction autant de précisions qu'il peut, dans une tentative de donner de la réalité l'image la plus complète possible.

A plusieurs reprises, un nom, lui-même précis, est enveloppé ou suivi de deux adjectifs donnant un surcroît de précision: «grand couteau pointu»; «large tache noire»; «aliment massif, lourd comme du sable»; «goût sur et amer»; «main sale et calleuse»; «figure barbue et fruste». Un substantif aussi expressif que «glouglou» est doublé de l'épithète non moins expressive «sonore». Les verbes, expressifs en eux-mêmes, pour la plupart des verbes d'action, sont souvent suivis d'un adverbe ou d'un complément qui accentuent encore leur expressivité: «traça rapidement une croix»; «ramassa soigneusement»; «avala d'un coup de langue»; «boire à longs traits».

Si le choix du récit romanesque est significatif de la recherche de réalisme de Laberge, la perspective narrative dans laquelle il se place pour décrire ses personnages l'est peut-être encore plus de sa volonté de se distancer du réel observé. Laberge ne participe pas, du moins pas directement, à la scène qu'il se contente de décrire de l'extérieur, comme un étranger. Le récit révèle un degré zéro d'identification entre le narrateur et ses personnages. Aussi le texte peut-il se comprendre à deux niveaux: celui des personnages, quasi inconscients de la signification de leurs gestes, marionnettes aux mains du narrateur qui raconte à leur place un récit dont ils sont incapables d'assumer la commande, et celui du narrateur, qui devient en partie celui du lecteur, qui, par-dessus la tête de ses personnages, les juge et dénonce à travers leur comportement une situation socio-économico-religieuse dont ils n'ont pas la plus petite idée, bien qu'ils en soient les premières victimes.

Comment les personnages apparaissent-ils sous l'œil du clinicien Laberge? Le plan de la page offre plusieurs éléments de réponse. Si on peut diviser le texte en deux parties, la première celle du récit, la seconde constituée par le court dialogue de la fin, cette division ne satisfait pas entièrement dans la mesure où la première partie groupe des éléments fort différents. Je préfère donc une deuxième division. Une première partie, centrée sur le portrait en action d'Urgèle Deschamps, comprend tout le premier paragraphe. La seconde partie (le reste du texte) met en scène Mâço. La disproportion entre ces deux parties est révélatrice de l'autorité et de l'égoïsme de Deschamps: quand il mange, plus rien ne compte, tout doit être à son service. Remarquons que Mâço ne mange pas avec son mari: sa fonction se limite à faire le service. Le repas est pour Deschamps l'occasion de réaffirmer quotidiennement sa suprématie sur sa femme, à la manière des bandes d'animaux où les plus forts mangent en premier. Son repas tient presque du cérémonial, rien ne pouvant entraver son cours: sa femme va accoucher, qu'à cela ne tienne, il ira chercher le médecin «après manger». Le plan de la page correspond donc à une division hiérarchique des fonctions: l'homme est le roi incontesté, la femme, la servante de ce monarque des pauvres.

La composition de chacune des deux parties du texte accentue, quant à elle, la puissance de Deschamps et la faiblesse de Mâço. Le premier paragraphe est, comme le texte dans son ensemble, lui aussi divisé en deux parties de volume très inégal. La première partie du paragraphe s'arrête au début de la dernière phrase, qui ne compte que deux lignes. Cette partie décrit le «haut bout de la table» où trône dans toute sa gloire et son égoïsme Urgèle Deschamps. Tout ce qui n'est pas Deschamps, hommes et choses, est rejeté dans une seule courte phrase en fin de paragraphe: c'est «l'autre bout de la table», symboliquement à peine éclairé, flottant dans «une ombre vague». Tous les feux sont dirigés sur Deschamps qui, seul, doit avoir droit à l'existence. La deuxième partie du texte, où est reléguée Mâço, présente elle aussi une composition intéressante. Une première phrase souligne la présence du silence «triste et froid». Puis Mâço est décrite en une seule phrase et un court dialogue, brièveté qui, en s'opposant à la longueur du portrait de Deschamps, illustre son peu d'importance. Enfin, une courte phrase, qui répond à la première, clôt cette partie et tout le texte, enveloppant la description de Mâço d'ombre et de silence qui vont d'ailleurs s'épaississant.

Urgèle Deschamps est un paysan, un «travailleur des champs». Son patronyme montre l'identification totale entre l'homme et son travail, l'auteur traçant à travers Deschamps le portrait-type du paysan. Ce portrait n'est pas flatteur et s'en prend à l'image d'Epinal du souper paysan, que s'étaient plu à décrire sous de belles couleurs nombre de romans québécois du terroir. Si on ne peut faire grief à Deschamps de ses mains calleuses et de sa figure fruste, on ne peut mettre sur le compte de son travail sa malpropreté, son manque de manières, son égoïsme, sa grossièreté. Tous les paysans ne sont pas malpropres. Or, Deschamps l'est avec une complète insouciance: ses mains sales, qu'il n'a pas lavées ne serait-ce qu'avec de l'eau, laissent sur le pain qu'il coupe de larges taches noires. Ses manières sont à l'avenant, celles d'un rustre. Le spectacle qu'il offre en mangeant est celui d'un animal à l'auge ou à la curée. Après avoir ramassé les miettes de pain, il les avale «d'un coup de langue»; il boit «à longs traits, en faisant entendre, de la gorge, un sonore glouglou»; il s'essuie les lèvres du revers de sa main sale. Son égoïsme et sa goinfrerie ne souffrent aucun accroc au déroulement de son repas: le signe de la croix est rapidement expédié, l'accouchement prochain de sa femme reporté «après manger», pour qu'il puisse se livrer totalement à cette occupation primordiale: manger. Malheur à qui interromprait son repas ou s'interposerait entre lui et sa nourriture. Il ramasse soigneusement dans le creux de sa main les miettes de pain, et gare à celui qui tenterait de les lui voler. Les possessifs, abondamment utilisés dans le portrait de Deschamps — son grand couteau, sa besogne, sa main, (deux fois) son assiette, sa figure, et finalement, sa femme — ajoutent encore à la possessivité quasi maladive de l'homme. Tous ces éléments décrivent Deschamps comme un être grossier, «frustre» entendu comme inculte, lourdaud, primitif. L'écart est grand entre Deschamps et l'image du «bon paysan» véhiculée par des romans comme *Jean Rivard* d'Antoine Gérin-Lajoie. Dès la première page de son roman, Laberge heurte de front l'idéologie agriculturiste de la classe dirigeante de l'époque.

Pour être plus court, le portrait de Mâço n'en est pas moins révélateur. Son nom dit déjà tout: Mâço, nom étouffant toute féminité, nom aussi laid que celui de ses enfants, la Scouine, Tifa, Raclor. Servante de son mari, Mâço est définie par deux attributs, ceux de la mère canadienne-française de l'époque: «son ventre énorme» — elle est perpétuellement enceinte —, et «son goître» lui retombant sur la poitrine et formant une masse flasque, gélatineuse. Son silence quasi continuel s'explique facilement: si elle pense, du moins a-t-elle depuis longtemps compris l'inutilité de toute protestation. La rupture de son silence n'en prend que plus de relief: «Elle parla», et non pas «elle dit», pour bien souligner l'extraordinaire de la chose, la rareté de sa parole, justifiée ici par un événement grave: elle va accoucher. Notons que l'euphémisme, «j'vas être malade», révèle en outre que tout ce qui touche à la sexualité est tabou, et, qu'inconsciemment ou non, Mâço assimile sa grossesse à une maladie, à une tare, à une faute.

L'espace qu'habitent ces paysans est à leur image. La maison semble ne compter qu'une pièce — du moins au rez-de-chaussée — servant à la fois de cuisine, de salle à manger et de chambre, puisque Laberge parle du «reste de la chambre». On s'éclaire à la lueur d'une seule chandelle, signe à la fois de la pauvreté matérielle de ces gens et des ténèbres intellectuelles dans lesquelles ils sont plongés. Les objets qui meublent cet intérieur paysan sont très révélateurs de la vie des Deschamps. Urgèle Deschamps utilise pour manger «son grand couteau pointu à manche de bois noir», le possessif «son» indiquant qu'il s'agit vraisemblablement du seul couteau qu'il possède, servant aux usages les plus divers, y compris celui de la table, et l'adjectif «noir» dénote son ancienneté, le bois ayant été noirci par le temps ou encore par les mains sales de Deschamps. Mâço prend une miche de pain dans la huche où elle l'a préalablement pétri et où par la suite elle le conserve. C'est donc du «pain de ménage» mais, contrairement à cette autre image d'Epinal, le pain de ménage des Deschamps n'a rien d'appétissant: il est «massif, lourd comme du sable, au goût sur et amer». Deschamps boit son lait à même une «terrine» (récipient de terre) «posée là tout près», et plus loin Laberge désigne cette terrine comme un «vaisseau». L'emploi de ce canadianisme — désignant une terrine à lait (ex: ma vache donne huit vaisseaux de lait) — précise que le lait et son récipient passent directement de l'étable à la table. Enfin, une chandelle — une, pas deux — est posée dans une soucoupe de «faïence ébréchée», ce petit luxe d'une soucoupe en faïence n'ayant pu résister à la dureté de la vie des Deschamps.

Laberge décrit donc avec minutie une scène qu'il a dû longuement observer en plusieurs occasions. Il note tous les détails, qu'il accumule comme s'il avait peur d'en oublier un qui rende moins complète sa reconstitution du réel. Il regarde la réalité d'une tout autre façon que Nelligan. Si ce dernier regarde le monde par le gros bout de la lorgnette pour qu'il lui paraisse plus distant, Laberge le regarde par le petit bout pour le grossir. Toute la page est une suite de gros plans, Laberge braquant son objectif sur les moindres petits détails, pourchassant le réel dans ses retranchements les plus secrets: «De son grand couteau pointu à manche de bois noir»: le couteau de Deschamps occupe tout l'écran. Semblable grossissement du réel se répète en plusieurs occasions: «traça une croix sur la miche»; «couper (le pain) par morceaux»; «Son pouce laissait sur chaque tranche une large tache noire»; «Deschamps ramassa soigneusement dans le creux de sa main les miettes à côté de son assiette et les avala d'un coup de langue»; «il s'essuya les lèvres de sa main sale et calleuse»; «une chandelle posée dans une soucoupe de faïence ébréchée»; «sa figure barbue et frustre». Dans toutes ces expressions, le rapprochement de l'objectif, allié à l'emploi systématique du singulier et souvent de l'indéfini à valeur numérale, attire encore davantage l'attention sur le détail.

A l'opposé d'un Nelligan pour qui toutes les occasions sont bonnes de fuir le réel, Laberge trouve à l'intérieur même du réel scruté avec patience les correspondances symboliques. Car cette page est beaucoup plus qu'une simple photographie. Laberge ne se limite pas au rôle de froid observateur. S'il reproduit le réel, il le conteste par la même occasion. A travers les personnes d'Urgèle Deschamps et de Mâço, c'est tout l'univers paysan que condamne Laberge. Cette condamnation s'exprime principalement sous la forme de deux oppositions: celle des sons et celle de la lumière.

Au niveau sonore, la scène se déroule sur le fond uniforme du silence sur lequel se détachent les bruits faits par Deschamps en mangeant et le va-et-vient de Mâço, bruits familiers mais rendus ironiques et tragiques à la fois parce qu'amplifiés exagérément par le silence. Ce silence, Laberge l'investit d'une lourde signification: «Un grand silence régnait, ce silence triste et froid qui suit les journées de dur labeur». Ces trois adjectifs ont valeur symbolique très nette — un silence n'est pas nécessairement grand, triste et froid. Ils s'appliquent en fait à tout l'univers paysan. Laberge clôt d'ailleurs le passage par une reprise de cette phrase: «le silence se fit plus profond, plus lourd». Entre les deux phrases, les différences sont d'importance: les deux comparatifs «plus» indiquent une nouvelle détérioration de la situation, détérioration qui semble devoir être définitive puisque l'indéfini «un grand silence», sans doute menaçant mais non définitif, est devenu «le silence».

Si l'approfondissement du silence traduit une dégradation irrémédiable de tout l'univers paysan, le court dialogue ajoute encore à cette dégradation. Ce dialogue, précédé et suivi d'un silence qui s'est même amplifié, est une oasis tarie qui, au lieu de résister au désert environnant, a été envahie par celui-ci. On a déjà noté que le «elle parla» indique la rareté et l'importance de la parole. Or, cette parole s'avère stérile, impuissante à établir une communication profonde entre Deschamps et sa femme. Aussi parle-t-on le moins possible, uniquement pour manifester des besoins vitaux. L'imminence de la naissance d'un enfant justifie six courtes répliques dénuées de toute émotivité, pragmatiques. La pauvreté de la pensée et l'insensibilité des personnages sont rendues par leur langue à l'image de leur condition sociale et de leur grossièreté tant physique qu'intellectuelle.

Le symbolisme sonore se double d'un symbolisme de la lumière. Toute la scène n'est éclairée que par la lueur d'une seule chandelle, n'illuminant d'ailleurs que le haut bout de la table où Deschamps est assis. L'autre bout de la table est «à peine éclairé». Quant au reste de la pièce, il disparaît «dans une ombre vague». Cette unique chandelle posée «dans une soucoupe de faïence ébréchée» montre l'écrasement de la lumière enveloppée d'ombre, l'envahissement quasi complet des ténèbres, symbole de la misère matérielle et morale de l'univers paysan. Comme pour les sons, Laberge reprend en fin de passage cette image de la lumière et amplifie encore sa fragilité: «Dans la pièce où l'ombre écrasait le faible jet de lumière». A nouveau les variations de la première à la deuxième phrase indiquent une dégradation de la situation. Si l'indéfini «une ombre» joint à l'adjectif «vague» laissait quelqu'espoir que l'ombre se dissipe, plus de doute à la fin: le défini, «l'ombre», a valeur de définition, de notoriété, comme le signe du destin implacable.

D'ailleurs, à y regarder de près, le noir est la couleur dominante du texte. Le manche du couteau est de bois noir, les mains de Deschamps sont sales, et son pouce laisse sur chaque tranche de pain «une large tache noire». Le seul point lumineux, la chandelle, paraît à la fin plus impuissante que jamais à lutter contre les ténèbres envahissantes. Loin de s'améliorer, la qualité de la lumière s'amenuise. La rupture du silence par le court dialogue ressemble à un caillou lancé à l'eau en pure perte: la surface un instant brisée retrouve l'instant d'après son immobilité.

La misère matérielle et morale des Deschamps est en outre symbolisée par leur pain, «aliment massif, lourd comme du sable, au goût sur et amer». Les adjectifs ont certes ici valeur descriptive: le pain, fait de céréales de mauvaise qualité, mal pétri, sans levain ni probablement d'assaisonnement, ressemble davantage à quelque mauvaise galette qu'à du pain. Mais les adjectifs qualifient aussi toute la vie de misère des paysans. «Massif» traduit leur grossièreté, leur lourdeur, leur manque de raffinement et d'intelligence. «Sur» rend le caractère acide et désagréable de leur existence. «Amer» précise leur état d'esprit composé de tristesse et de douleur. Introduite dès les premières lignes du roman, cette phrase devient par la suite une phrase-leitmotiv qui ponctue, comme un signe du destin, les scènes de misère et de grand malheur.

Ce pain intéresse aussi à cause d'un deuxième niveau de symbolisme. Avant de le couper, Deschamps y a tracé rapidement une croix. La rapidité de son geste manifeste sa hâte de manger mais aussi le peu de profondeur chez lui de toute pratique religieuse, réduite au niveau de rite, de simagrée, que l'on accomplit par habitude, sans trop savoir pourquoi. Plus loin Laberge précise que Deschamps a marqué le pain «du signe de la rédemption», expression pour le moins ironique puisque toute la scène présente un personnage qui, loin d'être sauvé, est plutôt en voie de perdition totale. C'est un premier coup de griffe lancé à l'endroit de l'Eglise. A bien lire le texte, on découvre que Laberge considère la pratique religieuse comme l'une des causes de la pénible situation des Deschamps. Tout le tableau est une allégorie d'une scène religieuse connue, celle de l'Eucharistie, celle de la messe. L'atmosphère de la pièce éclairée à la chandelle évoque le clair-obscur des églises. Deschamps pose, en les parodiant — ce dont évidemment il n'a pas conscience — les gestes du prêtre à la messe, consacrant le pain et buvant le vin. Deschamps prend le pain et le marque du signe de la croix, ramassant soigneusement les miettes. Il boit ensuite le lait, qui tient lieu ici de vin. Pendant toute cette scène, on entend le va-et-vient de Mâço dont le goître «semblable à un battant de cloche» lui retombe «ballant sur la poitrine». Les gestes de Deschamps tournent en ridicule ceux du prêtre à l'autel, d'autant plus qu'ils sont d'une goinferie et d'une grossièreté rares. Le pain massif, lourd, sur et amer est une allusion à peine voilée au pain de l'Eucharistie. A travers les gestes de Deschamps, Laberge dénonce les simagrées des cérémonies religieuses et surtout laisse éclater sa révolte de leur utilisation par l'Eglise pour asservir les fidèles.

Le pain massif, lourd, au goût sur et amer cristallise donc la dénonciation du messianisme agriculturiste de l'époque et de la grande valeur qui s'y rattache, la famille. Cette seule page ne permet pas de dire si le triste destin des Deschamps est uniquement le produit de causes extérieures ou si la bêtise des personnages n'est pas elle-même à la source de leur condition misérable. Ce qu'il y a de certain, c'est que la vision du monde et de la nature humaine se dégageant du texte se signale par son pessimisme. Les personnages eux-mêmes, complètement écrasés, n'ont pas la force de s'opposer aux arrêts du destin. Mâço, enceinte pour la nième fois, perçoit son état comme une chose honteuse, une maladie contre laquelle elle ne peut rien. Deschamps, qui doit bien être pour quelque chose dans la grossesse de sa femme, ne s'aperçoit pas de son abattement profond dont la cause est plus lointaine et plus grave que le simple fait d'être sur le point d'accoucher. Il ne voit pas plus loin que la surface des choses — l'accouchement prochain — et il ne peut trouver de réponse que ponctuelle: aller chercher le médecin. Laberge, l'un des premiers, a compris les liens qui unissaient certaines notions clés pour la compréhension de l'asservissement de l'homme québécois — misère, pauvreté, sous-travail, sous-homme, famille, mariage, relations humaines, religion — autant de facteurs qui inclinent ceux qui en sont les victimes à penser que leur vie est régie par une mécanique qu'ils ne peuvent enrayer. La génération de 1960 approfondira l'analyse de Laberge, en l'appliquant à la nouvelle structure de la société québécoise entrée dans l'ère de la consommation, par le biais d'une analyse marxiste, fondée sur la reconnaissance du phénomène colonial.

Mais en 1918 nous n'en sommes pas là. L'avenir ne semble pas devoir apporter d'amélioration à la condition des personnages de Laberge, totalement incapables de concevoir, même de façon fragmentaire, l'ensemble des causes responsables de leur situation. Ils sont loin de pouvoir accéder au *je* libérateur, loin de pouvoir assumer la commande de leur vie comme celle du récit. Ils se situent dans la seule dimension du moment présent. La plupart des actes posés par Deschamps sont rendus par le temps passé ponctuel par excellence, le passé simple. Par contre, les éléments symbolisant leur destin aussi misérable qu'inéluctable — l'écrasement du faible jet de lumière, l'envahissement du silence, le pain — sont, eux, rendus par l'imparfait qui leur confère permanence et durée: «C'était là un aliment massif...»; «Un grand silence régnait...»; «l'ombre écrasait le faible jet de lumière...». Ce sont les choses associées au destin, et non les hommes prisonniers du présent, qui disposent du temps.

On a reproché à Laberge de noircir à dessein la réalité et d'en projeter une image déformée. C'est peut-être vrai, mais inévitable dans la mesure où le regard humain est toujours un prisme déformant. Certes Laberge a choisi des personnages particulièrement médiocres. Le roman nous apprend que les voisins des Deschamps semblent avoir une vie plus facile, leur pain blond n'étant pas de la même farine que celui des Deschamps. L'important n'est pas à mon sens qu'il y ait eu déformation du réel de la part de Laberge. Nelligan n'en a-t-il pas fait autant ? Mais dans le cas de Nelligan la déformation se faisait dans le sens d'une déconcrétisation inoffensive pour le pouvoir. La déformation du réel opérée par Laberge pouvait au contraire déboucher sur une remise en question de tout le système socio-politique. On ne s'étonne pas de la réaction de l'évêque Bruchési qui, pour prêcher un royaume céleste, n'en était pas moins installé dans un palais terrestre qu'il ne tenait pas à quitter. L'évêque a compris le danger représenté par l'attitude de Laberge: regarder le réel démasqué devait nécessairement conduire à vouloir le transformer. Le statu quo devait être maintenu coûte que coûte. A tout prendre, si la déformation du réel est inévitable, je préfère celle de Laberge à celle de Nelligan, qui est celle d'une vision adulte, peut-être froide et pessimiste de la vie, mais débarrassée d'un idéalisme juvénile dont le pouvoir, à toutes les époques, fait toujours son profit.

Albert Laberge (1871-1960)

Œuvres d'Albert Laberge

La Scouine, Montréal, édition privée, Imprimerie modèle, 1918, 134 p.
Cette édition fut reprise par les éditions de l'Actuelle, Montréal, 1972.

Quand chantait la cigale, Montréal, édition privée, 1936, 109 p.

Visages de la vie et de la mort, Montréal, édition privée, 1936, 287 p.

La fin du voyage, Montréal, édition privée, 1942, 413 p.

Scènes de chaque jour, Montréal, édition privée, 1942, 270 p.

Le destin des hommes, Montréal, édition privée, 1950, 273 p.

Fin de roman, Montréal, édition privée, 1951, 269 p.

Images de la vie, Montréal, édition privée, 1952, 117 p.

Le dernier souper, Montréal, édition privée, 1953, 163 p.

Hymnes à la terre, Montréal, édition privée, 1955, 93 p.

Etudes sur Laberge

Ouvrages

Bessette, Gérard, *Anthologie d'Albert Laberge,* Montréal, Cercle du livre de France, 1962, XXXIII — 310 p.

Brunet, Jacques, *Albert Laberge — Sa vie et son œuvre,* Ottawa, éditions de l'Université d'Ottawa, 1969, 176 p.

Articles et chapitres d'ouvrages

Brunet, Jacques, «*La Scouine* d'Albert Laberge», dans *l'Ecole littéraire de Montréal,* «Archives des lettres canadiennes», t. 2, Ottawa, Fides, 1963, pp. 201-211.

Dagenais, Claudette, «La mort dans l'œuvre d'Albert Laberge», dans *Co-Incidences,* vol. III, no 3, oct.-nov. 1973, pp. 32-44.

Grenier, Marie-Gertrude, ««Du singulier à l'universel», dans *Canadian literature,* no 55, hiver 1973, pp. 65-74.

Lemay, Michel, «Le rêve dans l'œuvre d'Albert Laberge», dans *Co-Incidences,* vol. III, no 3, oct.-nov. 1973, pp. 5-20.

Roure, Pierre, «La fatalité chez Albert Laberge», dans *Co- Incidences,* vol. III, no 3, oct.-nov. 1973, pp. 45-54.

Villeneuve, Jean-Pierre, «L'argent dans les nouvelles d'Albert Laberge», dans *Co-Incidences,* vol. III, no 3, oct.-nov. 1973, pp. 21-31.

Au bout du quai

Le Prologue du *Passeur* de
Jean-Aubert Loranger

Au bout du quai
Le Prologue du *Passeur* de Jean-Aubert Loranger

Né en 1896, l'année même où Emile Nelligan commençait à écrire l'essentiel de son œuvre, membre, comme Nelligan et Albert Laberge, de l'Ecole littéraire de Montréal à laquelle il s'est joint en 1920 après avoir appartenu à un groupe rival, le Nigog, Jean-Aubert Loranger est mort en 1942, laissant une œuvre à peu près complètement inconnue de ses contemporains. D'où vient que son œuvre, comme celle de Laberge, ait dû attendre la décennie 1960 pour rencontrer enfin ses véritables contemporains, comme l'a écrit Gilles Marcotte dans son avant-propos aux œuvres poétiques de Loranger rééditées en 1970?[1]

Autant la poésie de Nelligan accuse son âge et celui du poète au moment de la rédaction, autant celle de Loranger nous touche encore par sa puissance d'évocation et par sa langue simple et suggestive. En fait, Loranger comme Laberge étaient très en avance sur leur époque et parlaient un langage, en accord avec leur vision du monde, que leurs contemporains ne pouvaient pas comprendre, empêtrés dans les idéologies réactionnaires maintenues artificiellement en vie par une intelligentsia qui s'y accrochait comme à une digue capable d'arrêter les forces du changement. Le mérite de Laberge et de Loranger est double. Ils ont posé sur la société québécoise de leur époque un constat de faillite, refusant de détourner pudiquement leur regard d'un réel agonisant. Ils ont en outre composé une œuvre qui rejette, dans un même mouvement, et l'idéologie du statu quo et les formes littéraires dans lesquelles s'exprimait cette idéologie, Laberge en écrivant un roman naturaliste qui, en fait, n'est pas un roman mais

---

1 Jean-Aubert Loranger, *Les Atmosphères*, suivi de *Poëmes*, avec un avant-propos par Gilles Marcotte, Montréal, HMH, Collection «Sur parole», 1970, p. 27.

une suite de tableaux, Loranger en faisant entrer malgré elle la poésie québécoise, qui d'ailleurs l'ignorera, dans l'époque contemporaine, et ce, une vingtaine d'années avant Saint-Denys Garneau dont la réputation, sous cet éclairage, apparaît avoir été grandement surfaite.

Les poèmes de Loranger se prêtant à l'analyse ne manquent pas. J'ai choisi le prologue du long poème en prose intitulé *le Passeur* paru en 1920, parce que le personnage du passeur a fasciné Loranger tout au long de sa vie. Deux ans après la publication du *Passeur,* en 1922, parut le recueil *Poèmes* où l'on trouve le très beau poème suivant:

> Je voudrais être passeur
> Aller droit ma vie
> Sans jamais plus de dérive,
> Soumis à la force
> Egale de mes deux bras.
>
> Je voudrais être passeur;
> Ne plus fuir la vie
> Mais l'accepter franchement,
> Comme on donne aux rames
> La chaleureuse poignée de mains.

Plus tard, vers la fin de sa vie, il publia dans la revue *les Idées* (vol. 8, 1938) une nouvelle intitulée *le Dernier des Ouellette,* où un capitaine meurt lors du naufrage dans les rapides de Lachine d'un vieux bateau dont son père et son grand-père avaient aussi été capitaines.

Le Passeur [2]
prologue

> *Une rivière.*
>
> *Sur la rive gauche qui est basse, il y a un village. Une seule*

---

2 Jean-Aubert Loranger, *Les Atmosphères,* suivi de *Poèmes,* avec un avant-propos de Gilles Marcotte, Montréal, HMH, Collection «Sur parole», 1970, p. 27.

rue le traverse par où entre sa vie, et les petites maisons, qui se font vis-à-vis, y sont comme attablées. Tout au bout, à la place d'honneur, l'église qui préside à la confrérie des petites maisons.

Sur la rive droite qui est escarpée, c'est une grande plaine avec des moissons, une plaine qui remue; et derrière un grand bois barre l'horizon, d'où vient une route vicinale jusqu'à la grève où est la cabane du passeur.

La route est flanquée de poteaux télégraphiques qui ont l'air de grands râteaux debout sur leur manche.

Enfin, le bac du passeur qui est un morceau de la route qui flotte sur l'eau.

Dans sa simplicité dépouillée, la description de ce paysage se découvre à l'analyse d'une richesse insoupçonnée. Le dualisme du paysage, une rivière et, de chaque côté, les deux rives, est rehaussé par le parallélisme de la description de chacune des deux rives. Loranger utilise trois notions, trois points de comparaison, pour opposer la rive droite et la rive gauche: la hauteur, l'étendue et le type de construction. Si la rive droite est escarpée, la gauche est basse. Sur la gauche, le village et son unique rue forment un espace clos, alors que la rive droite est constituée d'une plaine avec des maisons et d'une route jusqu'à un bois, image d'un espace ouvert, aéré. Enfin, c'est sur la rive gauche que sont construites les maisons et l'église, le village replié sur lui-même, apparemment solide, du moins en comparaison avec l'unique construction située sur la rive droite, la cabane du passeur.

Le symbolisme de ce paysage saute aux yeux. Ni le village, ni la rivière, ni la route, ni l'église ne sont identifiés, ce que n'aurait certainement pas manqué de faire un écrivain réaliste. Quel est donc la signification de ce paysage? Pourquoi Loranger le décrit-il par opposition? Laissons parler les mots qui, sous leur banalité apparente, dissimulent les réponses à ces questions.

Commençons par scruter la rive gauche, la première sur

laquelle s'attarde la caméra. Notons en premier lieu que si le mot rive désigne la bande de terre bordant un cours d'eau, il peut aussi désigner poétiquement un pays, une contrée, ce qui est le cas ici puisque la rive gauche et la rive droite n'ont rien en commun. Une question en apparence idiote, en réalité importante, vient à l'esprit: pourquoi ce qui se trouve sur la rive gauche se trouve-t-il à gauche et non à droite? Loranger avait le choix. La distribution ne s'est pas faite au hasard. La gauche connote souvent une nuance péjorative, en tout cas jamais laudative. Du temps des Romains, les mauvais augures venaient de la gauche que l'on désignait par un mot qui, transformé, est passé dans notre vocabulaire: sinistre. Quelqu'un qui est gauche, c'est quelqu'un qui est de travers, qui s'y prend mal, qui est malhabile. Pourquoi Loranger porte-t-il ce jugement de valeur? Quelles sont les caractéristiques de la rive gauche?

Cette rive est «basse». Au sens concret, elle est donc de peu de hauteur, de faible altitude, d'accès aisé, image de la voie facile, toute faite, traditionnelle, que Loranger considère la moins intéressante. Sur quels critères s'appuie ce jugement de valeurs?

La première caractéristique de la rive gauche est sa vie communautaire, sécurisante, que rejette Loranger. C'est sur cette rive que se trouve le village, agglomération des petites maisons tassées les unes contre les autres comme pour mieux se protéger du monde extérieur. Loranger désigne cet arrangement par une expression éclairante, «la confrérie des petites maisons», qui précise l'idée de communauté, d'association de gens faibles regroupés par la peur. Il utilise en outre une image connue, symbole de la vie communautaire, celle du repas de famille: les petites maisons sont «comme attablées», elles «se font vis-à-vis», se serrent les coudes. Il n'est pas fait mention des habitants de ces maisons. Seules les maisons semblent exister, signe de l'absence de vie individuelle, de la prépondérance de la vie communautaire. Sur la rive gauche, on n'existe pas comme individu mais seulement en tant que membre d'une collectivité. L'utilisation de l'image du repas de famille traduit la volonté de dénoncer le mode de vie propre à la rive gauche. Les petites maisons attablées font penser à une maquette, à de la porcelaine. Plus loin dans le poème, Loranger reprend cette comparaison et souligne davantage le côté ridicule et fragile de cette organisation de la vie: «Enfin, il vit l'action, le gros remuement dans le village d'en face qui apparaissait sur la berge comme une table mise avec ses petites maisons de toutes les formes qui faisaient penser, vues de loin, à des vaisselles, et avec la cheminée d'une usine qui se dressait comme un col de carafe».

A cette vie communautaire qui, aux yeux du poète, étouffe la vie, s'ajoute une seconde caractéristique elle aussi désagréable: la vie sur la rive gauche est organisée d'avance selon un ordre strict. Le long de la seule rue du village, sont attablées les petites maisons chacune à sa place, se faisant vis-à-vis. On imagine mal qu'une maison veuille changer de place, voire quitter la table. Au haut bout de la table, «à la place d'honneur», l'église préside. L'église occupe à la fois la place du père et de la mère dans la scène du repas familial. Le verbe «préside» souligne le rôle prépondérant de l'Eglise dans la communauté: elle y maintient l'ordre, dirige les débats, prend les décisions, bref, assume la direction de la communauté. L'ordre strict réglant la vie du village est donc à la fois un ordre familial et religieux, celui d'une communauté religieuse, ce que rend le mot «confrérie» dans son acception en contexte religieux d'«association pieuse de laïques».

La dernière caractéristique, corollaire des deux premières et peut-être la plus importante pour Loranger, est l'absence d'aventure, la fermeture au monde. On vit dans des maisons, c'est-à-dire une construction solide comme si l'on désirait se soustraire au mouvement environnant, à la vie qui suit son cours. Loranger souligne tout le dérisoire de cette entreprise en accolant en deux occasions au mot «maisons» l'épithète «petites», signe de la fragilité du refuge que l'on s'est donné. Il indique aussi que le village ne compte qu'«une seule rue par où entre sa vie.» Cette restriction est amplifiée par le fait que le texte ne dit pas si la rue va plus loin que le village. Elle ne mène qu'à la rivière et, au-delà, sur la rive droite. La situation du village est donc précaire, relié qu'il est à la vie par une seule voie qui doit franchir une rivière. Qu'arrivera-t-il si cette unique voie est coupée? Si la vie du village «entre» par sa seule rue, elle peut aussi en sortir, se retirer.

Ainsi la rive gauche trace-t-elle le portrait d'une vie sociale strictement organisée sous l'égide de l'Eglise, fermée au monde dans une recherche illusoire de sécurité. C'est là le procès de l'atmosphère étouffante de la société québécoise de l'époque. La rive droite offre en comparaison une vision du monde plus conforme aux aspirations du poète.

Comme ce qui se trouve sur la rive gauche ne s'y trouve pas par hasard, la configuration de la rive droite obéit aussi à un dessein bien précis. La droite véhicule souvent une connotation positive, laudative, jamais péjorative. Si la rive gauche était «basse», la droite est «escarpée». Qu'est-ce à dire? Au contraire de la rive gauche, la droite n'est pas d'accès facile, elle est en pente raide, voie ardue, difficile, pleine de dangers et d'embûches, bref, celle où il ne saurait être question de sécurité assurée.

Comme la gauche, la rive droite se caractérise par trois notions: l'étendue, le mouvement et l'insécurité. A l'opposé de la rive gauche, la droite apparaît comme un espace vaste, ouvert. La répétition de l'épithète en soi banale grande — «grande plaine», «grand bois», «grands râteaux» — n'est pas banale, considérée globalement: l'épithète «grande» investit la rive droite d'une étendue quasi illimitée. Au lieu d'être traversée par une rue, la rive droite est sillonnée par une route — ce qui connote l'idée de voyage, de chemin reliant à l'extérieur — comme le précise l'épithète «vicinale», qui désigne une route étroite mettant en communication des villages. Cette idée de communication est de plus présente dans les «poteaux télégraphiques» bordant la route. La rive droite semble donc le lieu où il est possible d'entrer en communication avec le monde et dont la configuration traduit la richesse inépuisable de la vie.

Tout naturellement la rive droite se signale aussi par la présence du mouvement contrastant avec le statisme de l'autre rive. Alors que sur la rive gauche tout semble tiré au cordeau, la rive droite étale «une grande plaine avec des moissons, une plaine qui remue». Les moissons, source de vie, se trouvent rive droite, tandis que sur la rive gauche on ne fait que consommer ce que produit l'autre rive. Le verbe remuer évoque par ailleurs le mouvement agitant continuellement la rive droite, mouvement qui, par comparaison avec l'immobilisme de la rive gauche, peut manifester le commencement d'une révolte — comme on dit que le peuple remue.

Enfin, la caractéristique peut-être la plus frappante de la rive droite, est son atmosphère d'insécurité. Elle est escarpée, on l'aborde donc avec difficulté. La «grande plaine» et le «grand bois» l'investissent de mystère. Comme si quelque chose de menaçant guettait le voyageur, comme si émanaient de la grande «plaine qui remue» des grondements de révolte. Le grand bois qui «barre l'horizon» constitue un obstacle à franchir lourd lui aussi de menaces. Enfin la cabane du passeur est le seul endroit où s'abriter, abri sommaire qui n'offre pas la protection et la solidité relatives des petites maisons. On ne s'établit pas sur la rive droite, on n'y construit pas de maisons, tout au plus une cabane temporaire qui participe par sa fragilité au mouvement environnant.

Comme la rive gauche représente un ordre social que repousse Loranger, la rive droite manifeste les aspirations profondes du poète. Ces aspirations se ramènent en fait à une seule: la recherche de l'aventure qui n'est possible qu'à la condition de s'être affranchi de l'ordre étouffant réglant les manifestations de la vie sur la rive gauche. L'aventure apparaît à Loranger comme emballante, puisqu'elle permet d'entrer en contact avec l'immensité et le mouvement, mais en même temps difficile, et aussi pénible, puisque après avoir tourné le dos aux certitudes assurées de la vie communautaire, le voyageur solitaire voit s'ouvrir devant lui un horizon illimité, mais lourd de menaces. Voilà ce qui attend celui qui, refusant l'ordre social, se livre à la quête de l'aventure. Le refus de la sécurité remet tout en question et l'angoisse s'insinue dans l'âme qu'ont désertée les certitudes apprises.

Entre ces deux rives, ces deux pays, ces deux conceptions de la vie, coule une rivière qui est à la fois séparation et lien, mort et vie. La rivière établit une frontière entre deux pays, deux modes de vie différents. C'est le Styx à franchir péniblement pour aborder sur l'autre rive. Elle est à la fois la barricade derrière laquelle se réfugie la vie sociale ordonnée de la rive droite, et l'obstacle que doit surmonter celui qui désire s'affranchir de l'organisation sociale étouffante. Parce qu'elle est essentiellement eau, elle est associée à la vie sans cesse renouvelée, au mouvement, à l'aventure, et parce qu'elle porte le bac du passeur, morceau de la route, elle est reliée à tout ce que représente la rive droite. Mais elle est aussi la mort, l'obstacle que l'on craint toute sa vie d'affronter, le danger de la noyade. Bref, elle barre l'accès à l'aventure en même temps qu'elle y invite.

Reste le passeur dont la fonction est de faire passer les gens d'une rive à l'autre, de leur faire sauter la frontière. Il est Charon faisant traverser le Styx aux âmes en route vers les Enfers (la rive droite). Plus que les villageois, il participe au mouvement et à la vie de la rivière et de la rive droite. Il demeure symboliquement sur la rive droite, donc hors du village dont il refuse la vie communautaire et «la confrérie des petites maisons». Il vit seul, dans sa cabane, en accord avec son travail. Son bac «morceau de la route qui flotte sur l'eau», réunit les deux éléments, la route et l'eau, associés à l'aventure. Son travail le force à vivre continuellement au contact du liquide, de l'instable, à côtoyer quotidiennement l'insécurité, le naufrage toujours possible. Il ne peut, comme les villageois, sentir continuellement sous ses pieds la solidité sécurisante de la terre. Mais il semble bien que le passeur ne soit pas conscient de tout cela. Comme les autres, il n'est pas identifié, autrement que par sa fonction sociale de passeur, ce qui indique son intégration à l'organisation sociale de la rive gauche. Il n'a d'ailleurs pas droit à la parole, il ne dit pas je, tout le passage étant décrit dans l'optique d'un narrateur qui domine hommes et choses. A proprement parler, le passeur lui-même est absent. Seuls sa cabane et son bac sont mentionnés.

Voilà, me semble-t-il, un premier niveau de sens à ce texte, qui exprime chez Loranger une prise de conscience de l'étouffement dans lequel est tenu l'individu par un ordre social et religieux qui n'en font qu'un, dans lequel il n'est pas difficile de reconnaître le portrait de la société québécoise du début du vingtième siècle. Pour briser cet étouffement, Loranger sent le besoin vital de se fondre au mouvement, à l'aventure, pour retrouver les sources de la vie. Il refuse la sécurité tranquille d'un sens à sa vie qui lui est légué par la communauté à laquelle il appartient, du moins par sa naissance, et préfère partir seul à la recherche d'un sens à donner à sa vie, sachant très bien que cette quête sera peut-être infructueuse et lui apportera angoisse et insécurité.

Mais il est aussi possible de découvrir un deuxième niveau de sens au texte: l'opposition de deux conceptions de la poésie, reliées chacune aux visions du monde de la rive gauche et de la rive droite. D'une part une poésie traditionnelle, d'inspiration classique, centrée sur la perfection de la forme et sur le culte du Beau. C'est une poésie respectueuse de règles préétablies, linéaire, où les mots s'enchaînent les uns aux autres, proche de la prose, soucieuse de faire beau. L'allusion à l'image cliché du repas de famille dans la description du village offre un bel exemple de cette manière. La rue est une table où est attablée «la confrérie des petites maisons», sous la présidence de l'église qui occupe la place d'honneur. Voilà une comparaison qui fait beau, une image sécurisante, qui n'a rien d'inquiétant et qui correspond parfaitement à la société minutieusement ordonnée qu'elle a fonction de décrire. C'est de la miniature, de la porcelaine peinte, qui traduit le rapetissement, la petite échelle à laquelle est ramenée la vie sur la rive gauche.

D'autre part, se manifeste dans le texte une autre conception de la poésie, que l'on peut étiqueter comme moderne par opposition à la classique. Cette poésie ne veut plus faire beau mais se fixe comme but la vérité de l'expression du sentiment. Les mots y surgissent avec force, non plus linéaires mais à la verticale, riches de tout leurs sens, à l'image de l'infinie richesse de la vie. C'est une poésie inquiétante, non sécurisante. Tout naturellement Loranger tournant résolument le dos aux valeurs véhiculées par la société québécoise de son époque sent la nécessité de traduire ce rejet de l'ordre social et sa recherche inquiète de la vie dans une forme qui ne soit pas celle de la tradition et qui même s'y oppose radicalement. Rejetant l'ordre et la sécurité des règles poétiques, il s'efforce d'ouvrir une voie nouvelle, du moins au Québec, celle de l'aventure et de l'interrogation poétiques.

Le texte offre plusieurs exemples de cette manière et constitue véritablement le prélude où toute l'œuvre se trouve en germe. Si l'organisation de la vie sur la rive gauche est rendue par l'image du repas de famille, la vision du monde que propose la rive droite est traduite entre autres choses par une comparaison collant parfaitement à la chose décrite, celles des «poteaux télégraphiques qui ont l'air de grands râteaux debout sur leur manche». Cette image tire sa valeur du fait qu'elle est présentée dans une langue volontairement maladroite, inélégante, ne visant pas à faire beau mais à communiquer un sentiment, à rendre une atmosphère. Cette comparaison donne l'exemple d'objets on ne peut plus prosaïques — des poteaux télégraphiques et des râteaux — qui, sur la rive droite, non seulement sont incorporés au langage poétique mais encore prennent une dimension et une signification nouvelles. Les râteaux, d'ordinaire à l'horizontale, sont symboliquement dressés ici à la verticale, les mots, lestés de leur sens linéaire, usuel, surgissant à la verticale, riches de sens insoupçonnés, menaçants. On peut mesurer la distance séparant Loranger de Nelligan si l'on se rappelle que ce dernier tenait le réel en si grande horreur qu'il était prêt à tout pour ne pas le nommer, désignant par un ridicule «cohortes bovines» ce que tout le monde nomme un troupeau de vaches ou de bœufs.

Le refus de Loranger d'exprimer sa pensée dans une forme fixe va dans le même sens. Alors que tous les poètes québécois de son époque — et Nelligan en est un bel exemple — choisissaient de couler leur pensée dans des poèmes à forme fixe, sonnet, ode, ballade, etc., Loranger opte pour une forme libre, non contrainte par un moule préétabli. Comment aurait-il pu en effet, lui qui ressentait tout ce qu'avait de contraignant le corset social de l'époque, exprimer sa pensée qui est appel à l'éclatement, à l'aventure, dans une forme qui est à la vérité la transcription littéraire d'un ordre social sclérosant? N'aurait-il pas été contradictoire de traduire sa soif de liberté dans une forme qui en est par plusieurs aspects la négation?

L'utilisation qu'il fait de l'article défini, jointe aux silences du texte, contribue à présenter les objets comme dégagés d'une structure qui autrement leur assignerait une fonction et un sens précis. L'indéfini présente les choses comme non définies, riches de plusieurs possibilités, empreintes de mystère. Chaque élément laissé ainsi à lui-même retrouve son autonomie lourde de menaces et donne à la langue de Loranger des allures inquiétantes qui pertubent la tranquillité du lecteur. «Une rivière». Ces deux mots qui à eux seuls constituent un paragraphe enveloppé de blanc et de silence, non seulement n'identifient pas cette rivière et laissent à l'imagination le soin d'investir cette image de tout le symbolisme dont est capable le lecteur, mais encore élèvent cette rivière au rang de force agissante, autonome, échappant à l'emprise de la phrase comme à celle des hommes. Presque tous les éléments indéfinis se retrouvent sur la rive droite: «une grande plaine», «une plaine», «des moissons», «un grand bois», «une route», «de poteaux télégraphiques», «de grands râteaux». Par opposition, l'article défini précède plusieurs objets situés rive gauche — «les petites maisons», «la place d'honneur», «l'église», «la confrérie» — parce qu'il est plus sécurisant, désignant des choses connues, en accord avec la société structurée qui y habite.

Le temps des verbes, leur forme et les nombreuses constructions nominales amplifient encore cette impression de malaise et d'insécurité. Tous les verbes sont au présent ce qui, ici, donne au paysage un caractère atemporel, comme si nous avions devant les yeux un paysage, du moins en partie, immobile. Sauf pour les forces agissantes, rivière, plaine, bois, route, il semble que c'est davantage la caméra qui bouge que les choses qui vivent. Les petites maisons semblent attablées pour l'éternité et l'église semble présider depuis toujours et pour des siècles à venir.

Le grand nombre de constructions nominales ou équivalentes frappe dans un texte aussi court. Nous avons une construction nominale lorsque le substantif joue le rôle du verbe, de l'adjectif ou de l'adverbe. La construction nominale peut aussi exister même si la phrase possède un verbe en autant que l'essentiel de la notation est exprimée nominalement. La construction nominale présente le fait ou la chose sans date, sans mode, et surtout sans le rattacher à un sujet-cause et à un objet-but. Le fait ou l'objet surgit ainsi d'un seul coup, sans relation avec autre chose, riche de toutes ses possibilités. Il y a trois exemples dans le texte de pure construction nominale: «Une rivière»; «Tout au bout, à la place d'honneur, l'église»; «Enfin, le bac du passeur». Dans ces trois cas, le substantif s'impose seul à la pensée, surgit comme un bloc à la conscience du lecteur. A ces trois constructions nominales pures, ajoutons plusieurs phrases où le verbe est le verbe être et où véritablement le substantif, souvent suivi d'une épithète, porte l'action — phrases du type «Sur la rive gauche qui est basse», «sur la rive droite qui est escarpée», «C'est une grande plaine». Enfin une phrase comme «il y a un village» n'est pas éloignée de «un village», reprise de «une rivière». Sauf pour les forces agissantes de la rive droite — la plaine qui remue, le bois qui barre l'horizon, la route qui vient, le morceau de route qui flotte sur l'eau —

et pour les verbes passifs — du type être attablé ou se faire vis-à-vis — utilisés dans la description de la rive gauche, le texte se signale par un fort nombre de constructions peu fréquentes en français parce que opposées à la logique traditionnelle de la phrase française. L'impression de malaise qui nous pénètre à la lecture de ce passage vient en partie du fait que la langue de Loranger n'est pas construite selon la structure normale sujet-verbe-complément. Les mots nous sont lancés sans que l'on voie clairement l'ordre qui les régit. Aussi la langue de Loranger inquiète, elle communique au lecteur par sa structure, mieux que par aucun mot ni aucun raisonnement, le malaise, l'inquiétude, l'angoisse de son auteur.

Il aurait pourtant été facile à Loranger d'utiliser une langue plus élégante. L'important est qu'il a choisi de ne pas le faire, du moins dans certains cas. Prenons la phrase suivante: «Sur la rive gauche qui est basse, il y a un village». Pourquoi ne pas avoir écrit une phrase du genre: *Un village s'étale sur la rive gauche qui est basse;* ou encore deux phrases: *La rive gauche est basse. Un village s'y étale.* L'inversion permet évidemment de mieux marquer l'opposition entre les deux rives en débutant le paragraphe suivant par une construction analogue: «Sur la rive droite qui est escarpée». Mais outre l'inversion, la tournure passive gêne: il y a un village. Pourquoi ne pas avoir utilisé un beau verbe d'action comme nous y invitent tous les manuels de stylistique? Précisément parce que Loranger ne veut pas faire beau, n'a pas comme but d'écrire selon les règles. La phrase boiteuse, malaisée, pénible même, réussit mieux à nous faire sentir le malaise de son auteur. Le troisième paragraphe est constitué d'une seule phrase décrivant la rive droite. Or la construction de cette phrase manque singulièrement d'élégance. Il est facile de la réécrire dans une forme plus respectueuse de l'harmonie et de la logique du français: *Sur la rive droite escarpée, une grande plaine couverte de moissons remue. Derrière, un grand bois barre l'horizon. Une route vicinale s'étire jusqu'à la grève où se dresse la cabane du passeur.* Cette phrase ne produit évidemment pas le même effet que celle de Loranger, encombrée de répétitions, alourdie par trois verbes être et d'une construction manquant de clarté: l'adverbe «où» se rapporte-t-il à bois ou à horizon, on ne sait. La phrase suivante (le quatrième paragraphe) manque aussi d'élégance. La tournure passive «est flanquée de» et la comparaison laborieuse «qui ont l'air de» auraient facilement pu être tournées par une verbe actif et une apposition. La dernière phrase du texte est de la même veine.

Une chose m'apparaît certaine: Loranger s'est volontairement appliqué à écrire de façon inélégante, et ce dans une intention bien précise: communiquer au lecteur par le moyen d'une syntaxe sans apprêt son rejet de l'ordre établi, peut-être plus harmonieux mais à ses yeux étouffant. Notons que pour décrire le village, symbole de cette vie organisée qu'il repousse, il utilise une phrase dont la construction logique s'accorde avec ce respect de l'ordre: «Une seule rue le traverse par où entre sa vie, et les petites maisons, qui se font vis-à-vis, y sont comme attablées».

Toutes proportions gardées et avec les nuances qui s'imposent — il n'est pas question chez Loranger d'action menant à une transformation sociale mais uniquement d'échapper individuellement à un environnement social étouffant — Loranger a inauguré chez nous une remise en question des mots et de l'écriture que pousseront beaucoup plus loin certains écrivains des années soixante. Il a compris que le matériau sur lequel l'écrivain devait travailler est le mot, comme la couleur et les formes pour le peintre et le sculpteur, et le son pour le musicien. Chez lui, le mot n'a pas uniquement une valeur de communication mais aussi une valeur d'expression. Une constante réflexion sur la langue a nourri la pratique de l'écriture. Le malheur est que, ne disposant d'aucun public capable d'apprécier à leur juste valeur ses interrogations, il ne pouvait faire autrement que de poser les problèmes en termes individuels ce qui, par un inévitable retour des choses, n'était pas de nature à aider la collectivité québécoise à prendre conscience de sa situation. Compte tenu des conditions prévalant à son époque, il lui était sans doute impossible d'aller plus loin que le bout du quai, sans connaître jamais la griserie du large.

Jean-Aubert Loranger (1896-1942)

Œuvres de Jean-Aubert Loranger

Les Atmosphères, Le Passeur, Poèmes et autres proses, Montréal, Louis Morissette, 1920, 62 p.

Poèmes, Montréal, Louis Morissette, 1922, 112 p.

A la recherche du régionalisme — Le Village, Contes et nouvelles du terroir, Montréal, Edouard Garand, 1925, 43 p.

Terra Nova (fragment), dans *Anthologie des poètes canadiens* (préparée par Jules Fournier et Olivar Asselin), Montréal, Granger Frères, 1933, pp. 241-244.

Les Atmosphères suivi de *Poëmes,* Montréal, H.M.H., «Sur Parole», 1970, 175 p., avec un avant-propos de Gilles Marcotte.

Récits, choix de textes de Loranger parus dans divers journaux, et avec une présentation de Gilles Marcotte, dans *Ecrits du Canada français,* no 35, Montréal, H.M.H., 1972, pp. 11-56.

Etudes sur Loranger

Articles et chapitres d'ouvrages

Bélanger, Claude, «De quelques aspects d'un poème — *L'invitation au retour*», dans *La Barre du jour,* Printemps-été 1973, pp. 36-47.

Guillemette, Bernadette, «Jean-Aubert Loranger — Du Nigog à l'Ecole littéraire de Montréal», dans *l'Ecole littéraire de Montréal,* «Archives des lettres canadiennes», t. 2, Ottawa, Fides, 1972, pp. 280-297.

Lesage, Germain, «Une éruption surréaliste», dans *La Revue de l'Université d'Ottawa,* juillet-août 1964, pp. 322-338.

Wyczynski, Paul, «Jean-Aubert Loranger», dans *La Poésie canadienne-française,* «Archives des lettres canadiennes», t. 4, Ottawa, Fides, 1969, pp. 103-107.

Le grain de sable dans la machine
Trente Arpents de Ringuet

Le grain de sable dans la machine
Trente Arpents de Ringuet

Peut-être plus qu'aucun autre roman de l'époque, *Trente Arpents* s'inscrit dans la trame historique de la société québécoise du premier tiers du vingtième siècle. Le roman fait directement allusion à des phénomènes qui ont profondément marqué l'évolution de notre société: émigration massive vers les Etats-Unis, urbanisation et industrialisation galopante, la première guerre mondiale, la crise économique des années trente, voilà autant d'événements qui influent, à son insu, sur la destinée d'Euchariste Moisan. En vérité, on ne peut dissocier la vie d'Euchariste Moisan du contexte socio-historique dans lequel elle se déroule. Aussi Moisan est-il un type, sa vie une image de celle de milliers d'autres Euchariste Moisan.

Publié en 1938, au seuil de la deuxième guerre mondiale et d'une ère de changements qui allaient complètement transformer le visage de la société québécoise, *Trente Arpents* est donc à bien des égards la somme d'une époque. Comme toutes les grandes œuvres, celle-ci est venue au bon moment, épousant à point nommé l'évolution historique de la société québécoise, décrivant le virage qu'elle s'apprêtait à prendre, résumant en une synthèse dramatique le chemin parcouru depuis quelques générations.

A travers la vie d'Euchariste Moisan se lit celle de son époque. Le roman est divisé en quatre parties — Printemps, Eté, Automne, Hiver — qui à la fois correspondent au déroulement chronologique de la vie de Moisan, jeunesse, âge adulte, maturité, vieillesse, et dessinent la courbe au début ascendante, puis descendante, de sa réussite. Le texte retenu pour l'analyse ouvre la seconde partie du roman, Eté, période de sa vie où Moisan atteint le sommet de sa réussite. Ce passage inaugural révèle cependant la petitesse de l'homme, son peu de poids pour diriger son destin, tout l'éphémère de sa situation. C'est en effet dans cette deuxième partie de sa vie et du roman que la femme de Moisan mourra et qu'éclatera la première guerre mondiale, conflit qui pose les prémisses de la déchéance future.

Trente Arpents[1]

D'un mouvement égal et continu le fil des jours s'enroule sur le fuseau de l'année; chaque aujourd'hui recouvrant un hier. Un écheveau terminé, le rouet du temps en recommence un autre, sans interruption.

Les soleils se succèdent, le ciel fondant la neige et libérant la terre; puis la terre poussant vers le ciel les tiges nées de la bonne chaleur de juin où les rayons tombent presque d'aplomb sur les sillons et éclatent la semence au cœur de la glèbe. Les moissons montent jusqu'à ce que l'homme vienne dérober à l'épi le grain que la nature destinait à la reproduction mais que l'homme s'arroge et dévore pour prix de sa chétive intervention dans l'ordre des choses.

Les saisons passent, changeant la face de la terre sous les yeux de l'homme qui de temps à autre s'arrête, relève sa tête penchée vers elle et cherche dans le ciel, bleu ou couvert, une promesse ou une menace.

Les années passent, alternant les nuits et les jours, et déroulant la rotation des saisons, en un cycle semblable à l'assolement. Et par les deux cycles, celui des hommes et celui de la nature, la terre, autrement appauvrie, retrouve une nouvelle fécondité.

Cette page pourrait s'intituler le cycle de la vie, ou pour emprunter l'expression au texte, «l'ordre des choses» correspondant à la vision du monde paysanne. L'homme doit compter sur l'action de

---

1 Ringuet, *Trente Arpents*, Montréal, Fides, Collection du Nénuphar, 1969, p. 87.

deux forces: la nature et le temps. La nature se manifeste par des éléments: le ciel, le soleil et ses rayons, la neige (ou la pluie), la terre, la glèbe qui chaque année prend les différents visages d'un cycle sans cesse recommencé: sillons, semence, moissons, épi, grain. Lié à la nature, le temps se mesure selon son cycle: les nuits et les jours, hier et aujourd'hui, la rotation des saisons, l'année, les années. Ainsi la nature apparaît-elle à l'homme la force suprême, celle qui commande au temps que l'homme découpe selon le gabarit des changements de la nature. Le visage du temps n'est autre que celui de la nature. Atome insignifiant dans l'ordre des choses immuable, l'homme ne peut agir sur le déroulement des choses. Tout au plus peut-il arriver à s'habituer au cycle des changements. La réponse aux pourquoi et aux comment semble hors de sa portée.

Mais la personnalité même du temps, à la fois mouvement et continuité, en rend la perception difficile. Le cycle de la nature et du temps se caractérise par un mouvement alternatif. Le mot cycle est important: suite de phénomènes se renouvelant dans un ordre immuable sans solution de continuité, mais ramenant, après une série de changements, le système à son état primitif. La notion d'alternance est partout présente dans le texte: «les saisons passent» dans une «rotation» immuable; le ciel «bleu ou couvert» annonce «une promesse ou une menace»; «les années passent, alternant les nuits et les jours, et déroulant la rotation des saisons». Cette alternance s'inscrit néanmoins à l'intérieur d'un cycle étanche comme l'illustre la construction de certaines phrases qui se referment sur elles-mêmes: «le ciel fondant la neige et libérant la terre; puis la terre poussant vers le ciel...»; ailleurs la semence éclate, devient tige, épi, grain qui assure la reproduction, une nouvelle semence.

Prisonnier d'un cycle, le mouvement ramène toujours au point de départ — la semence produit le grain — de sorte qu'il n'y a de mouvement qu'à l'intérieur d'un cycle donné, ce qui, à la limite, confine à la négation du mouvement et de l'évolution, à la permanence de la continuité. Aussi le temps apparaît-il invariable dans le changement, d'où son caractère monotone. Son mouvement est «égal», constant, invariable, régulier, et «continu», c'est-à-dire perçu par l'homme comme un tout sans brisure, ininterrompu. «Le fil des jours s'enroule»; cette expression marque l'enchaînement dans la succession, l'absence de discontinuité. A peine un jour est-il terminé qu'un autre commence «sans interruption», les soleils se succédant pareillement les uns aux autres.

La nature modelée par le temps et personnifiée en de nombreux éléments, ciel, soleil, neige, terre, est, en regard de l'homme prisonnier de son cycle, une force essentiellement active, vivante. Les éléments de la nature et du temps, véritables forces primitives, sont, au plan syntaxique, les sujets de verbes actifs: les soleils se succèdent, le ciel fond la neige et libère la terre, celle-ci pousse vers le ciel les tiges nées de la chaleur de juin, les rayons tombent d'aplomb sur les sillons et éclatent la semence, les moissons montent, les saisons passent et changent la face de la terre, les années passent, alternent les nuits et les jours, déroulent la rotation des saisons. Bref, la nature occupe tout le champ de la vie, ne laissant que peu de place à l'homme obligé de se définir par rapport à cette vie qui lui est extérieure et partout envahissante.

Que l'homme doive se définir par rapport à autre chose, voilà qui souligne sa faiblesse, mais que cette autre chose soit unique, voilà qui renchérit sur la force de la nature omniprésente. La perception ambivalente de la nature par l'homme ajoute encore à sa fragilité: il cherche dans la terre la protection en même temps qu'il craint ses sautes d'humeur.

Sous son aspect maternel, la terre, véritable divinité de l'agriculture, dont Cérès et Déméter étaient la personnification, est le principe femelle de la vie, face au ciel incarnant le principe mâle. La terre se caractérise par son éternelle fécondité, obtenue par le double assolement des saisons et des hommes. C'est dans ses entrailles, «au cœur de la glèbe», que, fécondée par les rayons de juin, elle donne naissance à la vie. Elle est source de toute vie et, en ce sens, elle est la mère de l'homme comme de tout ce qui vit. L'homme est un fils soumis dont la tête est naturellement penchée vers la terre pour apprendre d'elle le secret des choses. Son comportement est marqué au coin du mimétisme: s'il pratique l'assolement c'est qu'il a observé la rotation des saisons, calquant ses gestes sur le cycle fait de mouvements alternatifs que lui a enseigné la nature.

Mais cette terre maternelle est aussi une suzeraine redoutable qui asservit l'homme à ses propres fins, c'est-à-dire à sa permanence. La vie de l'homme lui importe peu. C'est dans la mesure où l'homme s'épuise à son service jusqu'à en mourir que la terre conserve son éternelle jeunesse: «Et par les deux cycles, celui des hommes et celui de la nature, la terre, autrement appauvrie, retrouve une nouvelle fécondité.» La terre impitoyable pratique l'assolement des humains. Minuscule élément dans l'ordre des choses, l'homme n'a de raison d'être que d'assurer la continuité du cycle éternel. Aussi la perception par l'homme de cet ordre des choses est-elle proche de la conscience d'un Destin sur lequel il n'a aucune prise. L'image centrale du premier paragraphe, celle «du rouet du temps,» reprise au dernier paragraphe — «déroulant la rotation des saisons» — est donc remarquable à plusieurs titres. Parfaitement adaptée aux mœurs paysannes dont le rouet est un objet familier, elle correspond, par ce qu'elle a de vieilli et à vrai dire de cliché, à la situation décrite, empreinte d'immuabilité, d'éternité: l'association du fil de la laine au fil des jours est vieille comme le monde. L'image du rouet du temps rappelle en outre la figure mythologique des Parques — et donc celle du Destin — filant la trame de la vie des humains.

L'utilisation du temps présent dans tout le passage est aussi très révélatrice. Le cycle de la nature débouche sur un temps unique, éternel, infini, affranchi du traditionnel découpage passé-présent-futur. La permanence du cycle l'emporte sur les changements qui jalonnent le déroulement du cycle. C'est pourquoi ces changements sont tous rendus par le présent qui en souligne le cours cyclique, monotone. Les nombreux participes présents à valeur temporelle situent les changements qui surviennent en dehors du temps, les inscrivent dans une durée étanche impossible à découper en passé, présent et futur. Présents et participes présents s'enchaînant forment une structure qui se répète à l'intérieur de chaque paragraphe, l'action principale tout d'abord placée dans un présent éternel, les actions qui suivent étant reliées dans la durée par les participes présents: «le fil des jours s'enroule» amène «chaque aujourd'hui recouvrant un hier»; «les soleils se succèdent» entraîne «le ciel fondant la neige et libérant la terre; puis la terre poussant...»; «les saisons passent, changeant la face de la terre»; «les années passent, alternant les nuits et les jours, et déroulant la rotation des saisons». La nature et la récurrence de cette structure illustrent à quel point l'ordre des choses qui décrit le passage est à la fois cyclique et immuable: au cycle de la nature répond le cycle de la structure verbale.

Si l'ordre des choses et ses alliés, le temps et la nature, étendent leur influence sur tout ce qui existe, en revanche la situation de l'homme est autrement précaire. Notons qu'il n'est jamais question que de «l'homme». Ce singulier ne désigne pas un individu précis mais toute l'espèce humaine comme si l'homme n'avait aucune importance, aucune réalité au niveau individuel. Seul le nombre donne à l'espèce une place dans l'ordre des choses. Par comparaison, l'utilisation systématique du pluriel traduit la richesse inépuisable de la nature — les tiges, les rayons, les sillons, les moissons — de même que l'infini du temps — les soleils, les nuits et les jours, les saisons, les années. Cette distinction des forces de la nature et de l'homme cristalisée dans le recours à des genres différents — singulier et pluriel — n'est jamais aussi tranchée que dans la dernière phrase: «Et par les deux cycles, celui des hommes et celui de la nature...». Pour la première fois l'homme a droit au pluriel. Mais ce pluriel, face au singulier «celui de la nature» qui en souligne la force et la durée, témoigne de la faiblesse des hommes qui meurent chacun leur tour à la tâche. Dans ce pluriel se révèle la condition humaine, l'inévitable de la mort qui n'a rien d'un départ joyeux alors que la nature, elle, continue de survivre à l'homme.

Si les verbes, dont les éléments de la nature et du temps sont les sujets, sont tous des verbes actifs, ceux employés pour décrire les activités de l'homme ont en commun une lourde charge accusatrice comme si l'action de l'homme entravait l'ordre naturel des choses. Une phrase en particulier résume ce sévère réquisitoire contre l'homme: «Les moissons montent jusqu'à ce que l'homme vienne dérober à l'épi le grain que la nature destinait à la reproduction mais que l'homme s'arroge et dévore pour prix de sa chétive intervention dans l'ordre des choses.» L'homme dérobe le grain à l'épi: il est un voleur qui s'empare de ce qu'il y a de plus précieux, le grain devant assurer la reproduction. Il s'arroge ce grain, s'attribuant quelque chose auquel il n'a pas droit. Il est un usurpateur. Grain de sable dans la machine, l'homme arrête le processus naturel de la vie: la croissance des moissons est entravée par le geste spoliateur de l'homme. Les faits sont présentés selon l'unique point de vue de la nature comme si sa prépondérance par rapport à l'homme ne se discutait même pas. Le besoin le plus élémentaire de l'homme, trouver la nourriture nécessaire à sa vie, entre en conflit avec l'ordre des choses. L'homme ne mange pas, il «dévore», ce qui met en relief son côté à la fois bestial et glouton. Ainsi l'homme n'est jamais maître des événements qu'il se contente de subir en spectateur plus ou moins attentif: «Les saisons passent, changeant la face de la terre sous les yeux de l'homme...». Spectateur d'ailleurs éphémère puisque situé dans l'instant et non dans la durée, d'un spectacle qui se déroule sans sa participation, ayant commencé bien avant sa venue sur terre et se poursuivant après sa mort. Mais en outre, spectateur qui a tout d'un profiteur comme l'indique le «pour prix de sa chétive intervention dans l'ordre des choses». Il intervient, c'est-à-dire il interrompt, il se place en travers d'une mécanique merveilleuse. Aussi son intervention est-elle qualifiée de chétive, sans valeur aucune, même mesquine. Remarquons l'un des rares possessifs du texte, «sa chétive intervention», à valeur nettement péjorative: dans l'univers, une seule fausse note: l'homme.

Cette idée centrale du passage de la grandeur de la nature et de la petitesse de l'homme informe la composition de la page comme celle de chaque phrase. La composition du passage illustre parfaitement l'idée de la permanence de la nature. Le plan du texte est simple mais efficace, et surtout ordonné et enchaîné à l'image de la réalité qu'il décrit. L'image du rouet du temps, donnée dès le début du morceau, le résume de façon somptueuse. Le reste du texte développe l'image première de la permanence dans le changement contenue dans les premiers mots du texte: «D'un mouvement égal et continu...». A la succession des jours qui, accumulés, forment les saisons, s'enchaîne la succession des saisons, puis celle des années qui, contenant celle des jours et des saisons, permet de boucler la boucle et de revenir au point de départ. A partir de l'image initiale du rouet du temps, on assiste à un agrandissement progressif du champ de vision qui s'élargit, à la fin, sur un temps éternel, infini. L'impression de mesure et d'ordre se dégageant du texte est en outre accentuée par la structure verbale présent-participe présent jointe à l'emploi de l'anaphore en début des deuxième, troisième et quatrième paragraphes: «Les soleils se succèdent, le ciel fondant la neige...»; «Les saisons passent, changeant la face de la terre...»; «Les années passent, alternant les nuits et les jours...». Cette structure, à la fois confère au texte une grandeur qui rend perceptible l'infini de l'ordre des choses, en même temps qu'elle est une représentation formelle du cycle de la nature. La composition de la page est à l'ordre des choses ce que la construction verbale et l'anaphore sont au cycle de la nature.

Cette volonté d'ordre et de mesure se manifeste jusque dans la composition et le rythme des phrases. Les exemples sont nombreux. Dès la première phrase, l'antéposition du complément — «D'un mouvement égal et continu» — donne à la phrase un rythme ample, sans brisure, alors que s'il avait été rejeté à la fin de la phrase selon la construction logique, la phrase aurait été morcelée en trois moments. Par contre, la phrase suivante compte trois poses bien marquées: «Un écheveau terminé, le rouet du temps en recommence un autre, sans interruption.» Ces trois pauses correspondent aux trois grandes divisions du temps, passé, présent, futur, mais qu'elles soient enfermées à l'intérieur d'une même phrase suggère que les divisions se fondent dans une entité supérieure, le temps unique de l'ordre des choses. La construction de la première phrase du deuxième paragraphe illustre, comme on l'a déjà vu, l'idée du cycle de la nature, la phrase revenant à son point de départ, se refermant sur elle-même: le ciel qui fond la neige et qui permet au processus de s'amorcer jusqu'à ce que, la semence éclatée, les tiges poussent vers le ciel. Les deux phrases du quatrième paragraphe sont remarquables. La première offre une disposition parfaite des volumes, qui rend l'harmonie et l'équilibre de l'alternance des nuits et des jours et de la rotation des saisons. La seconde, grâce à l'antéposition du complément — «Et par les deux cycles» — permet de rejeter à la fin de la phrase et du passage le mot important — fécondité — et de disposer au centre de la phrase le sujet — la terre. Ainsi autour de «la terre» sont disposés deux volumes d'égale importance en un équilibre parfait.

Par contre, lorsqu'il est question de l'action de l'homme, le rythme de la phrase perd de son ampleur, de son équilibre, pour faire bien sentir le sens de l'intervention de l'homme dans l'ordre des choses. Le troisième paragraphe en offre un exemple éclatant. Le début de la phrase s'amorce comme les précédentes: «Les maisons passent, changeant la face de la terre sous les yeux de l'homme...».

Mais dès l'entrée en scène de l'homme, le rythme ample se brise, montre le peu d'assurance de l'homme, sa situation précaire dans l'instant et non dans la tranquillité de la durée.

Vu de 1977 ce texte semble bien éloigné de nous. Et pourtant la vie d'Euchariste Moisan s'étend de la fin du siècle dernier jusqu'aux années trente. La société qu'il décrit est la société québécoise d'il y a à peine un demi siècle. Cinquante ans c'est beaucoup dans la vie d'un homme mais très peu dans celle d'un peuple. Aussi l'intérêt du passage étudié n'est pas de servir de modèle dans un traité sur l'art d'écrire. Il ne viendrait à personne aujourd'hui l'idée d'écrire comme Ringuet le faisait en 1938, et si quelqu'un s'aventurait à le faire cela risquerait fort d'être trouvé mauvais. Le mérite de Ringuet est d'avoir saisi la réalité de son temps correctement, et surtout, d'avoir traduit cette réalité dans une forme qui permette, au plan purement formel, de visualiser la vision du monde de la société québécoise de l'époque, que recoupe dans sa plus grande partie celle de la paysannerie puisque encore au début du siècle les trois quarts de la population québécoise étaient des paysans. L'écrivain invente moins son style qu'il ne l'apprend en étant à l'écoute de son époque. Ce n'est pas Ringuet qui a inventé la vision du monde paysanne du début du siècle. Il l'a simplement attentivement étudiée. Il ne l'aurait pas si justement captée et surtout traduite, s'il n'avait modelé, plus ou moins consciemment, son style sur cette vision du monde. De sorte qu'aujourd'hui si le texte nous restitue la mentalité de l'époque, c'est beaucoup plus grâce à la forme qu'aux idées ou aux choses qui y sont évoquées. Tel un miroir, il nous renvoie l'image de notre âme d'hier, de notre vision du monde d'alors, où l'individu n'avait d'importance que dans la mesure où il faisait nombre, c'est-à-dire où il perdait son individualité. Si depuis 1938 l'individu a fait son entrée dans la littérature québécoise, c'est que cette société a changé, à son corps défendant est-il besoin de le dire. La révolution tranquille de l'après-guerre a été provoquée bien davantage par des causes extérieures que par le vouloir des Québécois. C'est un effet du hasard, notre situation géographique, qui a entraîné les changements que nous savons.

Ringuet (Philippe Panneton) (1895-1960)

Œuvres de Ringuet

A la manière de..., Montréal, E. Garand, 1924.

Trente arpents, Paris, Flammarion, 1938, 287 p. et Fides, Montréal, «Nénuphar», 1957, 306 p.

Un monde était leur empire, Montréal, éditions Variétés, 1943.

L'Héritage et autres contes, Montréal, éditions Variétés, 1946.

Fausse monnaie, Montréal, éditions Variétés, 1947, 236 p.

Le poids du jour, Montréal, éditions Variétés, 1949, 411 p.

L'Amiral et le facteur, Montréal, Librairie Dussault, 1954.

Confidences, Fides, Montréal, et Paris, 1965, 198 p.

Etudes sur Ringuet
Ouvrages

Panneton, Jean, *Ringuet,* Montréal, Fides, «Ecrivains canadiens d'aujourd'hui», 1970, 190 p.

Samson, Jean-Noël, *Philippe Panneton,* Montréal, Fides, «Dossier de documentation sur la littérature canadienne-française», 1970, 50 p.

Articles et chapitres d'ouvrages

Angers, Pierre, «Trente arpents», dans *Le Roman canadien-français — Evolution — Témoignages,* «Archives des lettres canadiennes», t. 3, Montréal, Fides, 1965, pp. 123-131.

Cotnam, Jacques, «En guise de préface à *Trente arpents»,* dans *L'Enseignement secondaire,* vol. XLVI, no 1, janv.-fév. 1967, pp. 20-31.

Ethier-Blais, Jean, «Ringuet, ambassadeur avant la lettre», dans *Signets II,* Montréal, Cercle du livre de France, 1967, pp. 125-129.

Grignon, Claude-Henri, «Au pays du Québec. Les *Trente arpents* d'un Canayen ou le triomphe du régionalisme», dans *Les pamphlets de Valdombre,* III, 1939, pp. 93-145.

Labonté, René, «Le paysage ringuétien (étude de style)» dans *Voix et images du pays IX,* Montréal, les Presses de l'Université du Québec, 1975, pp. 139-160.

LeMoyne, Jean, «Ringuet et le contexte canadien-français — *Le poids du jour*», dans *La revue dominicaine,* vol. 56, no 1, 1950, pp. 80-90.

Marcotte, Gilles, «Ringuet romancier», dans *L'action nationale,* 35, 1950, pp. 64-76.

Pinsonneault, J.P., «L'œuvre de Ringuet ou la quête du bonheur fuyant», dans *Lectures* 9, 1953, pp. 385-395.

Robidoux, Réjean et André Renaud, «*Trente arpents* de Ringuet», dans *Le roman canadien-français du vingtième siècle,* Ottawa, Editions de l'Université d'Ottawa, 1966, pp. 44-49.

Turcotte, Raymond, «Ringuet ou le pays incertain», dans *Voix et images du pays I,* 2e édition, juin 1970, pp. 17-28.

Regarder passer le train
Bonheur d'Occasion de Gabrielle Roy

Regarder passer le train
Bonheur d'Occasion de Gabrielle Roy

Bonheur d'Occasion, publié en 1945, marque une date dans la littérature québécoise. L'année est importante. La deuxième guerre mondiale s'achève et le Québec, comme le reste du pays et de l'Amérique du Nord, est aspiré dans un tourbillon de transformations profondes de ses structures sociales. Mais, à la différence du Canada et des Etats-Unis, le Québec est entraîné malgré lui dans ces changements qu'il n'a pas voulus et auxquels il a résisté de toutes ses forces. Symboliquement le Québec a été la seule province à refuser la conscription, refus qui s'explique évidemment par des raisons ethnique et historique — les Québécois n'étaient pas très chauds à l'idée de payer de leur vie la défense de l'Angleterre, leur ennemie d'hier et de toujours —, mais aussi refus qui s'enracine dans la volonté deux fois séculaire de rester en marge de l'histoire. Jusque là la société québécoise avait assez bien réussi à se maintenir dans un confortable statu quo, confortable du moins pour les classes dirigeantes. Comme la littérature précède rarement de beaucoup les changements sociaux, le roman réaliste québécois est quasi inexistant au dix-neuvième siècle, époque où il triomphait ailleurs, et même dans le premier tiers du vingtième siècle. *La Scouine* d'Albert Laberge, publié à soixante exemplaires en 1918, n'est pas à proprement parler un roman, et *Un homme et son péché* de Claude-Henri Grignon en 1933 est, à plusieurs égards, un roman nostalgique tourné vers le passé. Avec *Bonheur d'Occasion,* et dans une moindre mesure *Au pied de la pente douce* de Roger Lemelin paru un an plus tôt, nous avons nos premiers véritables héros de roman réalistes, Jean Lévesque et Denis Boucher, qui tendent de toutes leurs énergies à s'élever dans l'échelle sociale. S'il faut trouver à Balzac un correspondant en littérature québécoise, il faut choisir, toutes proportions gardées, la Gabrielle Roy de *Bonheur d'Occasion,* roman publié un bon siècle après les romans balzaciens. Ce retard est révélateur de l'état de la société et de la littérature québécoises de l'époque.

J'ai choisi d'étudier une page particulièrement importante du roman, celle où Jean Lévesque, après avoir invité Florentine Lacasse au cinéma — rendez-vous qu'il ne tiendra d'ailleurs pas — marche dans les rues de Saint-Henri et, arrivé place Saint-Henri, comprend l'affrontement des forces réactionnaires et du changement et prend déjà, confusément peut-être, la décision de fuir à la fois Saint-Henri et Florentine.

Bonheur d'Occasion[1]

L'horloge de l'église Saint-Henri marquait huit heures moins le quart lorsqu'il arriva au cœur du faubourg.

Il s'arrêta au centre de la place Saint-Henri, une vaste zone sillonnée du chemin de fer et de deux voies de tramways, carrefour planté de poteaux noirs et blancs et de barrières de sûreté, clairière de bitume et de neige salie, ouverte entre les clochers, les dômes, à l'assaut des locomotives hurlantes, aux volées de bourdons, aux timbres éraillés des trams et à la circulation incessante de la rue Notre-Dame et de la rue Saint-Jacques.

La sonnerie du chemin de fer éclata. Grêle, énervante et soutenue, elle cribla l'air autour de la cabine de l'aiguilleur. Jean cru entendre au loin, dans la neige sifflante, un roulement de tambour. Il y avait maintenant, ajoutée à toute l'angoisse et aux ténèbres du faubourg, presque tous les soirs, la rumeur de pas cloutés et de tambours que l'on entendait parfois rue Notre-Dame et parfois même des hauteurs de Westmount, du côté des casernes, quand le vent soufflait de la montagne.

Puis tous ces bruits furent noyés.

---

1 Gabrielle Roy, *Bonheur d'Occasion,* Beauchemin, Montréal, 1966, pp. 31-32-33.

Un long tremblement gagna le faubourg.

A la rue Atwater, à la rue Rose-de Lima, à la rue du Couvent et maintenant place Saint-Henri, les barrières des passages à niveau tombaient. Ici, au carrefour des deux artères principales, leurs huit bras de noir et de blanc, leurs huit bras de bois où luisaient des fanaux rouges se rejoignaient et arrêtaient la circulation.

A ces quatre intersections rapprochées la foule, matin et soir, piétinait et des rangs pressés d'automobiles y ronronnaient à l'étouffée. Souvent alors des coups de klaxons furieux animaient l'air comme si Saint-Henri eût brusquement exprimé son exaspération contre ces trains hurleurs qui, d'heure en heure, le découpent violemment en deux parties.

Le train passa. Une âcre odeur de charbon emplit la rue. Un tourbillon de suie oscilla entre le ciel et le faîte des maisons. La suie commençant à descendre, le clocher de Saint-Henri se dessina d'abord, sans base, comme une flèche fantôme dans les nuages. L'horloge apparut; son cadran illuminé fit une trouée dans les traînées de vapeur; puis, peu à peu, l'église entière se dégagea, haute architecture de style jésuite. Au centre du parterre, un Sacré-Cœur, les bras ouverts, recevait les dernières parcelles de charbon. La paroisse surgissait. Elle se recomposait dans sa tranquillité et sa puissance de durée. Ecole, église, couvent, bloc séculaire fortement noué au cœur de la jungle citadine comme au creux des vallons laurentiens. Au delà s'ouvraient des rues à maisons basses, s'enfonçant de chaque côté vers les quartiers de grande misère, en haut vers la rue Workman et la rue Saint-Antoine, et, en bas, contre le canal de Lachine où Saint-Henri tape les matelas, tisse le fil, la soie, le coton, pousse le métier, dévide les bobines, cependant que la terre tremble, que les trains dévalent, que la sirène éclate, que les bateaux, hélices, rails et sifflets épellent autour de lui l'aventure.

Jean songea non sans joie qu'il était lui-même comme le bateau, comme le train, comme tout ce qui ramasse de la vitesse en traversant le faubourg et va plus loin prendre son plein essor. Pour lui, un séjour à Saint-Henri ne le faisait pas trop souffrir; ce n'était qu'une période de préparation, d'attente.

La première chose qui frappe dans le texte, et qui est à proprement parler révolutionnaire par rapport à l'angélisme des romans d'un Robert Charbonneau de la même époque, est la nette volonté réaliste de cette scène. Nous sommes plongés au cœur du quartier Saint-Henri de Montréal, décrit dans sa géographie propre. Ses principales rues sont nommées: la place Saint-Henri, les rues Notre-Dame, Saint-Jacques, Atwater, Rose-de-Lima, du Couvent, Workman et Saint-Antoine, ainsi que le canal de Lachine. En face de ce quartier, et dans une position dominante comme dans la réalité, Westmount. Cette identification de lieux proprement montréalais tranche sur l'exotisme de nombreux romans et poèmes d'alors qui sombraient dans le rêve ou évoquaient avec nostalgie le passé, ce qui est une variante de l'exotisme. Ce texte traduit un besoin nouveau: celui de se voir tel qu'on est. En ce sens il s'inscrit dans le cadre de l'idéologie de rattrapage qui s'amorce, fondée sur le dévoilement de la réalité telle qu'elle est.

Cette géographie réaliste n'en est cependant pas moins profondément symboliste. Les rues de Saint-Henri, formant «les quartiers de grande misère», alignent des «maisons basses» dont la hauteur ou l'écrasement est proportionnel à la condition sociale de leurs occupants, humbles ouvriers ou chômeurs. Un nom de rue résume la condition des habitants du quartier: la rue Workman. C'est un nom anglais — comme Atwater — qui manifeste en plein quartier francophone le rôle aliénant de la minorité anglophone, et qui en outre signifie «travailleur». De quel travail s'agit-il? Celui des filatures — «Saint-Henri (...) tisse le fil, la soie, le coton, pousse le métier, dévide les bobines» — secteur de l'industrie où depuis toujours et même encore aujourd'hui les Québécois servent de «cheap labor».

Face à Saint-Henri, et dans une position symboliquement dominante — la géographie sert bien l'auteur — se dressent «les hauteurs de Westmount», autre nom anglais. Westmount s'étale sur la montagne alors que Saint-Henri grouille au pied de la montagne, pour ne pas dire dans le trou. L'opposition des «rues à maisons basses» de Saint-Henri et des «hauteurs de Westmount» révèle le rang social opposé des habitants de ces deux quartiers. Que les «casernes» militaires, c'est-à-dire le vrai pouvoir associé à celui de l'argent, et la répression toujours possible soient situées à Westmount, sur la montagne, indique en outre que les forces dominantes ont la situation bien en main et veillent à ce que le déséquilibre des forces ne change pas.

Maintenant qu'est planté le cadre rigide du décor qui, tel un corset, emprisonne Saint-Henri, voyons comment le quartier est peint et avec lui, décrite la vie urbaine de ses habitants. Saint-Henri est perçu grâce notamment à trois des cinq sens: la vue, l'ouïe, l'odorat. Tout d'abord la vue. C'est le soir, nous sommes en hiver, il est huit heures moins quart. Cette noirceur est particulièrement profonde et évocatrice. L'auteur écrit: «Il y avait maintenant, ajoutée à toute l'angoisse et aux ténèbres du faubourg...». Les ténèbres extérieures qui enveloppent Saint-Henri symbolisent les ténèbres intérieures, l'angoisse, dans lesquelles sont plongés les habitants du quartier. Ces ténèbres sont si épaisses qu'il est difficile de distinguer les objets, signe de l'absence ou du peu de portée de la vue, de l'inconscience des habitants du quartier de leur véritable situation. Toute la page est en effet en noir et blanc, mais un noir qui va augmentant et un blanc qui va diminuant à l'image de la condition sociale des habitants. Sur le fond uniformément noir, seuls se détachent les fanaux rouges et les bras noirs et blancs du passage à niveau ainsi que le cadran illuminé de l'horloge du clocher. S'il neige, c'est «un tourbillon de suie» qui tombe du ciel. La neige qui pourrait par sa blancheur traduire une certaine clarté, un quelconque espoir, ne reste pas blanche longtemps, aussitôt «neige salie», neige qui vire au noir, comme si l'atmosphère du quartier déteignait sur elle.

Plus peut-être un quartier que l'on voit, Saint-Henri est un quartier que l'on entend, un quartier qui se caractérise par les bruits qui en émanent. La quantité de notations auditives dans le texte est en soi impressionnante. Ces bruits ont pour la plupart les deux mêmes caractéristiques. Tous les sons entendus dans le texte sont des sons violents: les locomotives hurlantes, les trains hurleurs, les volées de bourdons, les timbres éraillés des trams, la sonnerie du chemin de fer qui éclate et crible l'air, grêle, énervante, soutenue, les roulements de tambours, les rumeurs de pas cloutés et de tambours, la terre qui tremble en un long tremblement, les coups de klaxons furieux, la sirène qui éclate, autant de sons aigus qui écorchent l'oreille, et dont la force est encore magnifiée par l'utilisation fréquente des pluriels. Qu'on se représente ce que cela peut donner et l'on se surprendra à se boucher les oreilles. Que signifie pareil tintamarre? Certes chacun de ces bruits appartient bien à Saint-Henri. Mais pourquoi l'auteur a-t-il orchestré pareille concentration infernale des bruits les plus divers, pareille cacophonie? Parce que, groupés, ces bruits évoquent l'enfer de la vie à Saint-Henri. Ce sont des sons déchirants qui, au sens propre, déchirent et violent Saint-Henri, forces aliénantes qui le rendent complètement dingue. Ces bruits sont aussi l'expression de la souffrance et de la misère indicibles du quartier, comme si Saint-Henri n'était qu'un cri. Deuxième caractéristique non moins importante de tous ces bruits, leur association dans presque tous les cas à l'idée d'évasion et d'aventure, bruits des autos, des trams, des trains et des bateaux, bruits de l'armée, autant d'évasions à sa misère qui le sollicitent pour mieux le tromper, qui s'offrent à lui sans qu'il puisse vraiment espérer en profiter, tout cela que résume la phrase: «cependant que la terre tremble, que les trains dévalent, que la sirène éclate, que les bateaux, hélices, rails et sifflets épellent autour de lui l'aventure». Tous ces bruits témoignent du désir inconscient de Saint-Henri — et donc irréalisable — de fuir cet enfer.

Troisième sens appelé à la barre, l'odorat. Une seule notation suffit: «Une âcre odeur de charbon emplit la rue.» L'épithète «âcre» prend toute sa valeur, à la fois concrète et figurée. Atmosphère âcre puisque très concrètement l'air de Saint-Henri est vicié par la suie des trains, la fumée des bateaux et des usines, les gaz échappés des autos, air irritant pour les yeux, qui prend à la gorge. Atmosphère âcre aussi que celle de Saint-Henri, lourde, douloureuse, cuisante, parce que chargée de tout ce que la vie y a d'humiliant et d'insoutenable.

Cette page constitue un véritable réquisitoire contre l'inhumanité de la vie urbaine. Gabrielle Roy fait le procès, non sans nostalgie, de la transformation de la société québécoise de société rurale à société urbaine. Une lecture attentive du texte révèle que le passage de la campagne à la ville, qui s'est brusquement accéléré à l'occasion de la crise économique et de la guerre, transparaît dans le vocabulaire. Pour décrire Saint-Henri et la vie urbaine, l'auteur choisit des mots et des expressions qui rappellent la nature et qui présentent Saint-Henri comme une nature dénaturée. La place Saint-Henri, le cœur du quartier, est un coin de la nature qui a été saccagé. C'est «une vaste zone sillonnée du chemin de fer et de deux voies de tramway.» Dans le verbe sillonner se cache le mot sillon, les sillons qui autrefois s'alignaient bien droits sur la terre labourée et qui aujourd'hui, figés, se sont métallisés. C'est aussi un carrefour «planté de poteaux noirs et blancs», squelettes ébranchés et sans racines des arbres de jadis. C'est une «clairière» dont les arbres et la végétation ont été remplacés par le «bitume» et la «neige salie», et qui est ceinturée par les dômes sans verdure de l'église et les clochers, arbres pétrifiés. La configuration de la place Saint-Henri illustre le passage du «creux des vallons laurentiens», avec tout ce dont est chargée cette expression, l'allusion limpide aux entrailles maternelles, véritable paradis perdu, à «la jungle citadine» qui prolifère de façon anarchique sans offrir aux hommes la sécurité, la chaleur, l'ordre d'autrefois.

Cette aliénation urbaine des habitants de Saint-Henri est d'ailleurs inscrite en toutes lettres dans le texte. L'auteur les saisit dans une pose caractéristique: arrêtés par les barrières du passage à niveau, ils attendent que le train soit passé. La foule «piétine» d'impatience et les «rangs pressés d'automobiles» ronronnent «à l'étouffée», comme si tout le quartier était une marmite qui risquait à tout moment d'éclater mais n'éclatait jamais, dont tout le désespoir sans cesse refoulé ne s'échappait autrement que de façon dérisoire en «coups de klaxons furieux», dont la furie ne se canalisait jamais vers les vraies causes de sa misère. Leur travail aliénant d'esclaves, cheap labour des filatures, les plongent dans des «ténèbres» et une «angoisse» qu'ils n'arrivent pas à analyser mais dont ils ressentent confusément la frustration et dont ils manifestent l'«exaspération» par leurs «coups de klaxons furieux».

La description de l'aliénation de Saint-Henri s'organise en outre autour de deux plans, l'un vertical, l'autre horizontal, opposition dont plusieurs critiques ont parlé et dont le passage que nous étudions marque sans doute le point culminant. Le texte présente d'une part un ensemble d'éléments se dressant à la verticale et associés à l'immobilisme érigé en système et, d'autre part, un second ensemble d'éléments qui, traversant le quartier à l'horizontale, véhicule les idées d'évasion, de mouvement, de transformation de la société. Cet affrontement a lieu symboliquement au cœur de la place Saint-Henri, à la fois fermée, puisque c'est une place, et ouverte, parce que c'est aussi un carrefour.

Au plan vertical, c'est tout d'abord la place Saint-Henri elle-même qui s'impose en tant que lieu fermé, entouré de constructions qui sont le siège de forces de l'immobilisme. Tout d'abord l'église qui, avec ses dépendances, l'école et le couvent, forme un «bloc séculaire». L'église et son clocher, longuement décrits, dominent la page comme la place Saint-Henri et la vie des habitants du quartier. «Haute architecture», donc solide, inamovible, inébranlable, l'église réapparaît symboliquement au milieu de la vapeur du train, intacte, aveugle au monde qui se transforme autour d'elle: «L'horloge apparut; son cadran illuminé fit une trouée dans les traînées de vapeur; puis, peu à peu, l'église entière se dégagea, haute architecture de style jésuite. (...) La paroisse surgissait. Elle se recomposait dans sa tranquillité et sa puissance de durée. Ecole, église, couvent: bloc séculaire fortement noué au cœur de la jungle citadine comme au creux des vallons laurentiens.» Aussi rattachés au plan vertical les poteaux noirs et blancs et les barrières des passages à niveaux qui, en temps normal, sont levés et donc à la verticale, mais, qui, abaissées à l'horizontale, arrêtent la circulation et interdisent symboliquement à la foule l'accès à l'aventure qui ne fait que passer sans s'arrêter, comme le train. Les barrières, au nombre de huit — «leurs huit bras» — évoquent la pieuvre étouffant sa proie.

Châtelaine retranchée dans sa forteresse semble-t-il imprenable, l'Eglise n'en influence pas moins profondément la vie des habitants du quartier. Que plusieurs rues du quartier portent des noms de saints, Saint-Henri, Saint-Jacques, Saint-Antoine, Rose-de-Lima, auxquelles s'ajoutent la rue Notre-Dame et la rue du Couvent, illustre à quel point le «spirituel» a envahi le temporel, et révèle le caractère monolithique de cette société à l'image du «bloc séculaire» église, école, couvent. Relisons: «La paroisse surgissait». Cette courte phrase en dit plus qu'il n'y paraît au premier abord. A Saint-Henri, on n'existe pas comme individu. On n'existe qu'en tant que paroissien, qu'en tant que membre d'une communauté au sein de laquelle l'individu se fond, disparaît. Seul Jean Lévesque, nous le verrons plus loin, échappe à cette règle pour plusieurs raisons dont l'une est, qu'orphelin, il n'appartient pas à une famille, à une paroisse, qui ne peuvent lui imposer leur carcan.

Le style architectural de la bâtisse traduit le monolithisme de cette église et de la société à qui elle impose son ordre des choses. C'est une «haute architecture» avec clocher et «dômes», solidité massive à l'image de la doctrine réactionnaire, contrastant singulièrement avec les «rues à maisons basses» des «quartiers de grande misère» où croupissent les ouailles, et rappelant les «hauteurs de Westmount» où trône la puissance anglophone. L'Eglise apparaît donc plus proche du pouvoir anglophone avec lequel elle partage la hauteur que du peuple qui est, pour elle comme pour le pouvoir établi, l'ennemi naturel. L'architecture de l'église est aussi décrite comme étant «de style jésuite», c'est-à-dire d'inspiration baroque. Cette construction ne datant certainement pas de l'époque baroque est donc une imitation, une copie pompeuse et prétentieuse, tout ce qu'il y a de plus faux, d'hypocrite et de rétro, à l'image de la doctrine prônée par l'Eglise d'alors, qui visait avant tout à préserver ses intérêts, fût-ce aux dépens de ceux du peuple.

L'architecture de cette église est enfin remarquable par son clocher-horloge qui domine la page comme le quartier: «la suie commençant à descendre, le clocher de Saint-Henri se dessina d'abord, sans base, comme une flèche fantôme dans les nuages. L'horloge apparut; son cadran illuminé fit une trouée dans les traînées de vapeur.» La signification de ce clocher-horloge est limpide: Saint-Henri vit à l'heure de l'Eglise qui règle à son rythme, la vie des habitants du quartier. Cette réalité implacable est encore renforcée par la mention des «volées de bourdons» — par ailleurs associées aux autres bruits aliénants — administrées à doses régulières aux habitants du quartier qui seraient tentés d'oublier la loi de fer.

Cette page constitue une critique féroce du rôle de l'Eglise dans la société québécoise. Tout y est. Nul doute que l'auteur l'a voulu ainsi. Comment, par exemple, ne pas être frappé par la volonté de dérision de la phrase suivante: «Au centre du parterre, un Sacré-Cœur, les bras ouverts, recevait les dernières parcelles de charbon.» Mais alors pourquoi l'auteur de *Bonheur d'Occasion* n'a-t-il pas encouru les foudres de l'archevêché comme, avant lui, les avaient subies Jean-Charles Harvey, Albert Laberge, Rodolphe Girard?

Si les forces de l'immobilisme triomphent dans le texte, le bloc séculaire de la paroisse émergeant intact au travers de la vapeur du train, elles n'ont cependant plus la partie aussi facile qu'autrefois. Le plan vertical est en effet traversé à l'horizontale par un ensemble d'éléments représentant un deuxième groupe de forces, celles du changement. Ces forces inscrivent au cœur du quartier Saint-Henri, encore replié sur lui-même, la possibilité, le germe du changement. Si rien ne s'est encore passé, il est maintenant possible de penser que quelque chose pourra se passer dans l'avenir. Ces forces horizontales sont toutes associées à l'idée de mouvement et sont représentées par différents moyens de transport: les autos et les tramways qui, à travers les deux artères principales que sont les rues Notre-Dame et Saint-Jacques, relient Saint-Henri au reste de la ville; le chemin de fer dont les rails conduisent partout au pays et dans toute l'Amérique; le canal de Lachine par où les bateaux peuvent gagner le fleuve, la mer, le monde entier. Si Saint-Henri ressemble par plusieurs aspects à un village tapi au «creux des vallons laurentiens», la circulation incessante des autos, des tramways, des trains et des bateaux, lui impose malgré lui un rythme de vie qui n'est plus celui de la société villageoise. Si les vieilles structures n'ont pas encore éclaté sous la pression de ces forces extérieures, du moins y a-t-il affrontement.

Pour l'instant, cependant, et c'est la raison du tragique de cette page comme de la société québécoise qu'elle décrit, l'aventure, le changement ne font que passer sans s'arrêter, comme le train: «Saint-Henri tape les matelas, tisse le fil, la soie, le coton, pousse le métier, dévide les bobines, cependant que la terre tremble, que les trains dévalent, que la sirène éclate, que les bateaux, hélices, rails et sifflets épellent autour de lui l'aventure.» L'expression importante est évidemment «autour de lui» qui indique que Saint-Henri ne participe pas aux changements qui travaillent le monde dans lequel il est pourtant situé. Et qui ne participe pas, non seulement ne profite pas mais constitue un terrain d'exploitation choisi pour qui veut profiter.

Les forces motrices utilisent Saint-Henri comme tremplin: «Jean songea non sans joie qu'il était lui-même comme le bateau, comme le train, comme tout ce qui ramasse de la vitesse en traversant le faubourg et va plus loin prendre son plein essor.» C'est l'image de la structure type exploiteur-exploité, consistant à croître aux dépens des intérêts d'autrui. En 1945, Saint-Henri, microcosme de la société québécoise encore prisonnière du corset de l'idéologie de conservation et d'immobilisme soutenue par la classe dirigeante dont l'Eglise était le fer de lance, regardait passer le train, au propre comme au figuré.

J'ai écrit plus haut que les forces horizontales qui traversaient Saint-Henri étaient toutes associées à l'idée de mouvement et incarnées par différents moyens de transport. Cependant, certains éléments participant aussi à l'idée de mouvement ne sont pas représentés par des moyens de transport mais par une réalité, la guerre, et par un corps constitué, l'armée, pendant de la paroisse et de la famille. La neige et le vent sont associés aux forces horizontales et à la guerre. La neige est «sifflante», elle traverse l'air avec rapidité, comme le train, et le vent souffle de la montagne. A travers la neige sifflante, Jean croit entendre au loin, «un roulement de tambour», et lorsque le vent souffle de la montagne, on peut entendre «la rumeur de pas cloutés et de tambours». L'armée et la guerre, comme le train et le bateau, apparaissent comme des moyens d'évasion.

On s'explique maintenant la présence de Jean Lévesque à cet endroit et la parfaite unité de cette page: dans le spectacle qui se déroule sous ses yeux il lit l'affrontement des forces de l'immobilisme et du changement, et choisit de quel côté il sera. Entre lui et Saint-Henri s'instaure un dialogue décisif. La chose est possible parce que Saint-Henri est décrit comme une personne humaine capable de réactions psychologiques. Cette humanisation de Saint-Henri a deux significations selon que l'on se place du point de vue des habitants du quartier ou du point de vue de Jean.

Saint-Henri a toutes les apparences d'une personne humaine. La place Saint-Henri est le «cœur du faubourg». Les barrières du passage à niveau arrêtent de leurs huit bras la circulation «des deux artères principales.» Au passage du train, la terre tremble d'un long tremblement. Alors que les hommes piétinent, les choses semblent douées d'une vie absente des humains: le train passe, le clocher se dessine, l'horloge apparaît, le cadran fait une trouée, l'église se dégage, la paroisse surgit. C'est Saint-Henri, non les hommes, qui travaille: «Saint-Henri tape les matelas, tisse le fil, la soie, le coton, pousse le métier, dévide les bobines.» C'est aussi Saint-Henri qui exprime «son exaspération contre ces trains hurleurs qui, d'heure en heure, le découpent violemment en deux parties.» C'est enfin Saint-Henri qui est plongé dans la misère morale: «Il y avait maintenant, ajoutée à toute l'angoisse et aux ténèbres du faubourg...». L'utilisation des pronoms personnels et des adjectifs possessifs contribue encore davantage à élever Saint-Henri au rang de personne humaine et confère aux objets (barrières, horloge, paroisse) une vie propre.

Que révèle cette personnification de Saint-Henri? Nous y trouvons tout d'abord une nouvelle confirmation de l'incapacité des habitants du quartier à vivre d'une vie individuelle. La vie dont est animé Saint-Henri, il semble qu'il l'ait arraché à ses habitants. C'est Saint-Henri, les objets, les bruits, les institutions qui vivent, et non les hommes, comme si ces derniers n'avaient droit à l'existence qu'en tant que collectivité dominée. Toute prise de conscience collective de leur situation leur est interdite dans la mesure où pareille prise de conscience collective doit nécessairement s'alimenter à une prise de conscience individuelle. Les habitants ne sont pas nés à l'individualité, à la limite, ils ne sont pas nés tout court. Si, collectivement, ils vivent l'angoisse, les ténèbres, l'exaspération, ils n'en prennent pas encore conscience collectivement. Aussi leur réaction est-elle à la fois confuse et vaine (les coups de klaxons furieux).

Jean Lévesque est le seul personnage identifié. Il comprend que les habitants du quartier n'ont d'identité que collective, à l'échelle de la famille, de la paroisse, ou du faubourg, et il rejette cette triade, refuse l'agglutination à «la foule» et opte résolument pour la solution individuelle. Il est fasciné par l'autre face de la place Saint-Henri, celle qui vibre au rythme des forces nouvelles. Remarquons l'endroit précis où il se trouve: «Il s'arrêta au centre de la place Saint-Henri», c'est-à-dire au cœur même du faubourg. Alors que les autres n'y font que passer sans comprendre, ou piétiner d'impatience, Jean a su trouver d'instinct ce lieu qui résume en une image éblouissante ses aspirations profondes. Il saisit dans l'animation de la place Saint-Henri ce dont les autres n'ont pas conscience: l'occasion de se fondre à ces forces qui traversent le faubourg, l'occasion de monter dans le train, autrement que pour aller servir de chair à canon. Même s'il ne s'agit pas d'un monologue intérieur, c'est à travers les yeux de Jean que nous assistons à toute la scène. Pourtant le narrateur — qui n'est pas Jean mais l'auteur — n'indique la présence du personnage qu'au tout début du passage et à la fin. Mais alors, nous ne sommes pas du tout surpris de retrouver Jean tant l'identification de Jean et de la deuxième face de Saint-Henri est complète (le dernier paragraphe met d'ailleurs les points sur les i). Jean comprend que sa seule chance de s'en tirer est de couper tous les ponts avec ce quartier qui lui pèse comme un boulet au pied. Le plan de la page et le temps des verbes illustrent ce choix de Jean.

Cette page pourrait s'intituler «passage d'un train place Saint-Henri». Après la description de la place Saint-Henri, la sonnerie du chemin de fer éclate, le faubourg tremble, les barrières tombent, la foule piétine, le train passe dans un nuage de suie et de vapeur à travers lequel finit par réapparaître la paroisse inchangée. Il y a un crescendo puis un decrescendo. La page est un calme brisé, puis aussitôt rétabli, un caillou lancé à l'eau dont se brise un instant le miroir. Le mouvement n'a duré qu'un instant et n'a pas de conséquence — sauf en ce qui concerne Jean qui en a tiré les conclusions que nous savons. Aussi est-il symbolique que Jean occupe le premier et le dernier paragraphe, comme s'il ne faisait déjà plus partie de la paroisse, comme s'il regardait le quartier de l'extérieur. Le rôle de spectateur qui est le sien est révélateur de son refus de réintégrer le calme rétabli, l'ordre paroissial.

Le temps des verbes souligne aussi la situation opposée des habitants du quartier et de Jean. Le temps des verbes, passé simple, imparfait, présent, illustre le triomphe de l'immobilisme. Le passé simple est utilisé dans le texte pour décrire des actions brèves, des états momentanés qui ne durent pas et n'ont pas de conséquence: c'est le cas du passage du train. Lorsque le train est passé et que la paroisse se recompose dans son immobilisme, l'imparfait de durée fait son apparition: «Au centre du parterre, un Sacré-Cœur, les bras ouverts, recevait les dernières parcelles de charbon. La paroisse surgissait. Elle se recomposait dans sa tranquillité et sa puissance de durée...». Enfin cet imparfait se mue en un présent qui traduit l'immobilisme complet: «Au-delà s'ouvraient des rues à maisons basses, s'enfonçant de chaque côté vers les quartiers de grande misère (...) où Saint-Henri tape les matelas, tisse le fil, la soie, le coton, pousse le métier, dévide les bobines, cependant que la terre tremble, que les trains dévalent, que la sirène éclate, que les bateaux, hélices, rails et sifflets épellent autour de lui l'aventure.» Ces présents ne sonnent-ils pas comme les coups d'un destin définitif comme si ces activités avaient toujours été et devaient toujours être dans le futur le lot des habitants de Saint-Henri? Pour parler de Jean, l'auteur utilise le passé simple: il arriva, il s'arrêta, il crut entendre, il songea. Ce temps, le même que celui utilisé pour décrire le passage du train, situe Jean dans l'instant, et non dans la durée qui est le temps de la paroisse.

Que la place Saint-Henri et la société québécoise réussissent à résister au mouvement environnant explique peut-être aussi que la composition du passage, comme du reste celle de tout le roman, est fortement articulée. L'écrivain ne peut que témoigner de la vision du monde de la société ou du groupe social auquel il appartient. Cela donne ici de curieux résultats. D'une part, comme nous l'avons vu, loin d'être une célébration de l'immobilisme de la société québécoise de l'époque, le texte en dénonce plutôt les effets désastreux pour le peuple et, à travers le regard d'un personnage plus clairvoyant que les autres, dévoile les voies du changement. Mais ce dévoilement est fait dans une forme classique, logique, respectueuse des valeurs soutenues par les forces de l'immobilisme. La langue du narrateur est le français dit international où certains termes sont carrément français plutôt que québécois (le bitume, les trams). La composition du passage comme celle des phrases est ordonnée. Prenons à titre d'exemple la longue phrase qui forme le deuxième paragraphe. La principale très courte ouvre la phrase («Il s'arrêta au centre de la place Saint-Henri»), suivie de trois appositions obéissant à une même structure, nom, participe passé, double complément du participe passé, avec cette variante que la troisième apposition est de volume plus grand que les deux premières par l'adjonction d'un troisième complément au participe passé («à l'assaut») lui-même suivi de plusieurs compléments. Cette phrase dégage une impression d'ordre, de maîtrise, d'équilibre, à l'image peut-être de la permanence de l'ordre social qui règne à Saint-Henri, mais à l'encontre de la volonté de changement qui est aussi inscrite dans le passage. Gabrielle Roy ne pouvait faire plus dans l'état où se trouvait la société québécoise au moment de la rédaction du roman. Elle ne pouvait éviter d'appeler le changement dans une langue qui était la représentation formelle des valeurs de l'immobilisme. Pour aller plus loin, il fallait attendre que la société elle-même commence à bouger.

Gabrielle Roy (née en 1909)

Œuvres de Gabrielle Roy

Bonheur d'Occasion, Montréal, Beauchemin, 1945, 345 p.

La petite poule d'eau, Montréal, Beauchemin, 1950, 272 p.

Alexandre Chenevert, Montréal, Beauchemin, 1954, 384 p.

Rue Deschambault, Montréal, Beauchemin, 1955, 295 p.

La Montagne secrète, Montréal, Beauchemin, 1961, 222 p.

La Route d'Altamont, Montréal, H.M.H., «L'arbre», 1966, 257 p.

La rivière sans repos, Montréal, Beauchemin, 1970, 317 p.

Cet été qui chantait, Montréal et Québec, Editions françaises, 1973, 207 p.

Un jardin au bout du monde, Montréal, Beauchemin, 1975, 217 p.

Etudes sur Gabrielle Roy

Ouvrages

Bessette, Gérard, *Trois romanciers québécois* (G. Roy, A. Langevin, V.-L. Beaulieu), Montréal, Jour, 1973, 240 p.

Charland, R.-M. et J.-N. Samson, *Gabrielle Roy,* Montréal, Fides, «Dossier de documentation sur la littérature canadienne-française», 1967, 89 p.

Gagné, Marc, *Visages de Gabrielle Roy,* Montréal, Beauchemin, 1973, 327 p.

Grosskurth, Phyllis, *Gabrielle Roy,* Toronto, Forum, 1969.

Ricard, François, *Gabrielle Roy,* Fides, «Ecrivains canadiens d'aujourd'hui», 1975, 192 p.

Articles et chapitres d'ouvrages

Bessette, Gérard, «*Alexandre Chenevert* de Gabrielle Roy», dans *Etudes littéraires,* vol. 2, no 2, août 1969, pp. 177-202.

Blais, Jacques, «L'Unité organique de *Bonheur d'Occasion*», dans *Etudes françaises,* vol. 6, no 1, février 1970, p. 25-50.

Brochu, André, «Thèmes et structures de *Bonheur d'Occasion,*» dans *Ecrits du Canada français,* no 22, 1966, pp. 163-208.

Gaulin, Michel, «Le monde romanesque de Roger Lemelin et de Gabrielle Roy», dans *Le Roman canadien-français,* «Archives des lettres canadiennes», t. 3, Montréal, Fides, 1964, pp. 133-151.

LeGrand, Albert, «Gabrielle Roy ou l'être partagé», dans *Etudes françaises,* Vol. 1, no 2, juin 1965, pp. 39-65.

Robidoux, Réjean et André Renaud, «*Bonheur d'Occasion*», dans *Le Roman canadien-français du vingtième siècle,* Ottawa, les presses de l'Université d'Ottawa, 1966, pp. 75-91.

Whitfield, Agnes, «*Alexandre Chenevert:* cercle vicieux et évasions manquées», dans *Voix et images du pays VIII,* Montréal, les Presses de l'Université du Québec, 1974, pp. 107-125.

En voiture
Poussière sur la ville d'André Langevin

En voiture
Poussière sur la ville d'André Langevin

Poussière sur la ville parut en 1953, en plein régime duplessiste, époque souvent désignée comme celle de la grande noirceur, et au moment où, dans le domaine de la pensée et de la littérature, le courant existentialiste dont l'heure de gloire était passée n'en conservait pas moins une solide influence auprès des intellectuels québécois. *Poussière sur la ville* porte les marques de cette époque: la vie n'y a rien d'une agréable promenade, ressemblant plutôt à un enfer.

Par rapport à *Bonheur d'Occasion,* le roman d'André Langevin s'inscrit à la fois sous le signe de la continuité et de la nouveauté. Continuité dans le réalisme car Langevin situe ses personnages et leur drame dans un milieu bien québécois, la petite ville minière de Macklin, en réalité Thetford Mines. Comme dans *Bonheur d'Occasion,* le décor romanesque de *Poussière sur la ville* n'a rien du décor de carton-pâte, jouant au contraire une fonction dramatique très importante. Nouveauté d'autre part, dans la mesure où, même si le personnage d'Alain Dubois n'est pas à proprement parler le narrateur du récit, le point de vue narratif est le sien. Tout ce que nous apprenons passe par le prisme de son regard, l'auteur limitant son point de vue à celui de son personnage même, et peut-être surtout parce que, ce point de vue est fragmentaire. Contrairement au narrateur de *Bonheur d'Occasion,* l'auteur ne se permet pas de commentaires, ne nous fait pas bénéficier de son point de vue privilégié. Avec *Poussière sur la ville* nous assistons à la naissance du *je* en littérature québécoise, naissance qui sera complétée avec la parution du *Libraire* de Gérard Bessette en 1960. Le roman de Langevin témoigne donc de la transformation souterraine qui travaillait la société québécoise depuis la fin de la guerre et qui allait éclater au grand jour après 1960. On oublie trop souvent que ce qu'on appelle la révolution tranquille n'est pas née comme une fleur un beau matin en plein désert.

Dans le passage que je vais étudier, Alain Dubois, jeune médecin qui vient de s'établir à Macklin avec sa femme Madeleine, qu'il sait avoir une liaison avec un garçon de la ville, les surprend ensemble dans le camion de ce dernier. Au volant de sa voiture, il se lance alors à leur poursuite, leur coupe la voie, les regarde, puis continue sa route.

Poussière sur la ville[1]

Un dernier spasme se déclenche. Je colle la pédale au tapis. La voiture se cabre et bondit en avant. Le sang afflue tout à coup, j'ai repris une arme et ne suis plus impotent. Je tourne sur deux roues, en patinant de côté. J'emplis la rue d'un bruit sinistre qui me donne l'illusion d'une extraordinaire puissance. Je corne sans arrêt depuis que j'ai démarré. Après mon virage enthousiasmant j'appuie sur le frein sans cesser de corner. Je réussis à leur couper la voie et à passer devant eux très lentement. Oh! les yeux de Madeleine! J'y revois la panique dont j'émerge. Elle aussi est amputée tout à coup. Cinq secondes. Suffisant pour que nos deux âmes se prennent aux crocs. Je peux continuer. Je l'habiterai bien tout le jour comme elle m'habitera. Nous nous sommes pénétrés enfin. Plus d'opacité. Je ne la tiens plus à bout de bras. Ame contre âme, liés par la glu de la haine, autrement plus tenace que celle de l'amour. Comme des chiens qui ne peuvent plus desserrer les dents. Nous sommes assurés de nous tenir compagnie. Lui, je ne l'ai pas vu. Il n'était que l'ombre qui donnait du relief à Madeleine, l'appelant qui nous a permis de nous rejoindre. La bouffée de puissance persiste. Je me donne une nouvelle injection de vitesse. Le temps s'est tellement adouci que le milieu de la rue est recouvert d'eau. Les pneus mordent bien cependant. La poussière d'amiante n'a pas encore étendu son

---

1 André Langevin, *Poussière sur la ville*, Montréal, Le Cercle du livre de France, 1953, pp. 96-97.

enduit. A la croisée de la rue Green, force m'est de stopper. Je
débraye et je fais tourner le moteur très vite. Les passants me
regardent. Certains sourient avec indulgence. Si je laissais la
pédale d'embrayage, ils mourraient en souriant.

Ce texte décrit, telles que les voyait André Langevin en 1953,
les relations humaines, en fait les relations d'un homme et d'une
femme, mari et épouse. Ces relations sont placées à l'enseigne d'une
double incommunicabilité. D'une part, Alain et Madeleine n'arrivent
pas à se comprendre, tout dialogue véritable étant impossible. D'autre
part, cette impossibilité des personnages à communiquer entre eux est
rendue sensible au lecteur par le fait que le récit se développe selon
l'unique point de vue d'Alain, forcément parcellaire et subjectif. Nous
ne saurons jamais ce que Madeleine ou les autres personnages pensent
profondément. Nous en sommes réduits à savoir d'eux ce qu'en pense
Alain. La réalité n'est plus aussi facile à cerner. Il n'est plus possible
de la disséquer, d'en opérer une synthèse rassurante. Le livre terminé,
des mystères subsistent que nous n'arriverons jamais à éclaircir
complètement. Si le personnage romanesque a conquis son autonomie, son individualité, il a perdu de la netteté. Chez le Langevin de
1953 la naissance du personnage à l'individualité s'accompagne de
corollaires désagréables: la prise de conscience de sa solitude et de sa
faiblesse.

Peut-être la première caractéristique d'Alain est-elle justement sa faiblesse, son impuissance. Relisons certaines phrases du texte
particulièrement révélatrices. La première phrase en dit déjà beaucoup: «Un dernier spasme se déclenche». Parler de spasme c'est
évoquer un état de serrement, de contraction plus ou moins brusque et
violent, mais qui est involontaire et dont l'individu n'a pas le contrôle.
«Un dernier spasme» implique en outre que plusieurs autres ont
précédé. Alain semble donc en plein état de crise. Plus loin, Alain
pense: «(Je) ne suis plus impotent». S'il affirme n'être plus impotent
—qui a ici son sens fort, désignant quelqu'un qui, par un vice de nature
ou par accident, ne peut se mouvoir ou ne se meut qu'avec une
extrême difficulté —, affirmation qui ne correspond pas nécessairement à la vérité, il admet qu'il a été impotent. Troisième phrase
intéressante, la nature de sa récente impotence: «J'y revois la panique
dont j'émerge.» Le verbe émerger connote un état s'appartenant à

l'étouffement, et le mot panique implique une terreur extrême et irraisonnée, qui partage avec le mot spasme la caractéristique d'être involontaire. Alain semble croire qu'il est en train de sortir d'un état de panique et d'impotence. Le texte décrirait ses premiers pas sur le chemin de la guérison, sa reprise en mains.

Rien n'est cependant plus faux, et Alain le premier le sait très bien. Les mots qu'il emploie pour décrire ses actions au sortir de sa crise de paralysie ne trompent pas: «J'emplis la rue d'un bruit sinistre qui me donne l'illusion d'une extraordinaire puissance» repris plus loin par: «La bouffée de puissance persiste.» Au moment même où il fait corps avec sa voiture, Alain sait très bien que lui et la voiture font deux. S'il se complaît dans l'illusion, il ne se fait pas d'illusions. Il sait qu'il s'agit là d'une puissance fausse, irréelle et que, derrière, vit toujours son impuissance. L'expression «bouffée de puissance» traduit ce que cet état a d'intermittent, de passager, d'éphémère. S'il qualifie son virage en voiture d'«enthousiasmant», il a conscience que cet enthousiasme n'est pas causé par le sentiment de sa propre force mais par celui de sa prothèse, la voiture qu'il conduit.

Alain apparaît comme le lieu où coexistent deux choses qui, au premier abord, surprennent: la lucidité et la faiblesse. Il semble qu'Alain soit capable de comprendre et d'analyser avec une lucidité froide ses moindres réactions. Il a appris à identifier ses différents états tant physiques que psychologiques — il est vrai qu'il est médecin — et il ne s'illusionne pas sur sa conduite. La lucidité n'est pas une petite chose. Peu d'hommes en sont capables. Mais la lucidité d'Alain se limite à l'analyse de ce qui est arrivé ou de ce qui arrive. Alain semble dépourvu d'une volonté d'action qui, s'appuyant sur sa capacité d'analyse, organiserait son temps et son espace en fonction de projets. Il semble écrasé par le déroulement de faits dont il n'a pas le contrôle et qu'il se limite à analyser. Il n'a pas la maîtrise de ses gestes, en proie à la panique, obéissant au déclenchement d'un spasme, comme s'il s'agissait là d'une mécanique réglée à l'avance et dont il ne pouvait enrayer le fonctionnement, sentant tout à coup affluer «le sang», l'article défini au lieu du possessif «mon» marquant bien l'autonomie du sang agissant en dehors de la volonté d'Alain.

La capacité d'Alain Dubois d'analyser son propre comportement — il est peut-être le premier personnage romanesque de la littérature québécoise capable de cet exploit, du moins dans cette mesure — ne s'accompagne pas d'une volonté et d'une capacité d'agir. Faut-il s'en étonner? Non dans la mesure où Alain est le produit de son milieu, est issu de la société québécoise à une époque — qui n'est encore pas complètement révolue — marquée par l'incapacité chronique de résoudre des problèmes concrets. L'analyse d'Alain est brillante, mais cette analyse se situe dans le monde de la pensée. S'il lui faut appliquer dans un cas concret les données fournies par son analyse, il paralyse ou perd pied. En ce sens Alain est un personnage typique et exprime un aspect fondamental de notre âme collective.

La faute n'est d'ailleurs pas à Alain mais au milieu qui ne favorise pas chez l'individu cette volonté d'action concrète. C'est là, me semble-t-il, la signification du décor romanesque dans lequel se meut Alain. Le décor semble déterminer les agissements d'Alain en accentuant la sensation d'étouffement et de malaise. André Langevin a situé l'action du roman et le drame des personnages dans une petite ville minière, Macklin. L'atmosphère de cette ville, entourée des résidus de la mine, est chargée de poussière qui rend la respiration difficile. Si Alain remarque que «la poussière d'amiante n'a pas encore étendu son enduit», il présente le fait comme inévitable parce que coutumier. Cette poussière enduit pareillement hommes et choses, comme une espèce de «glu» collant à la peau et entravant les mouvements. Le temps de l'année, l'hiver, et la température, froide, ajoutent encore au caractère inhospitalier et inhumain du lieu, sujet à de brusques variations de température. Si Alain note que «le temps s'est tellement adouci que le milieu de la rue est recouvert d'eau», il a dit précédemment qu'il a effectué son virage «en patinant de côté», instabilité physique qui évoque son instabilité psychologique, son manque d'emprise sur le réel.

Maintenant qu'est dégagée la double nature d'Alain, faite de lucidité et de faiblesse, étudions la description des relations humaines inscrites sous le signe de la guerre. Cette guerre, Alain ne l'aurait jamais entreprise seul. Il s'est trouvé ici une alliée, sa voiture, qui lui apporte la force dont il est lui-même dépourvu. Cette voiture semble douée d'une vie propre. On a très nettement l'impression que c'est la voiture qui entraîne Alain, et non Alain qui la commande, un peu

comme un cavalier emporté par sa monture. Le vocabulaire choisi
pour décrire les mouvements de la voiture l'associe à un animal
indompté: elle se cabre, elle bondit en avant, ses pneus mordent bien.
Ces trois verbes d'action ont comme sujet la voiture ou un élément de
celle-ci mais il est évident que par voiture interposée c'est Alain qui se
cabre, qui bondit, qui mord. La fusion de l'homme et de son véhicule
— l'homme étant absorbé par la voiture — apparaît encore plus
clairement dans trois phrases où, même si le sujet du verbe est «je», le
véritable sujet n'en demeure pas moins la voiture: «Je tourne sur deux
roues, en patinant de côté. J'emplis la rue d'un bruit sinistre qui me
donne l'illusion d'une extraordinaire puissance. Je corne sans arrêt
depuis que j'ai démarré.» Arme offensive en même temps qu'objet de
défoulement — «Je me donne une nouvelle injection de vitesse», ce
qui assimile Alain à un narcomane — la voiture symbolise à la fois la
volonté impuissante, parce que fondée sur une force illusoire, d'Alain
de gagner concrètement le combat, et son cri de détresse devant une vie
qu'il comprend, qu'il n'accepte pas, mais qu'il est incapable de
changer. Tout au plus la voiture, par la frénésie de la vitesse qu'elle lui
procure (il colle la pédale au tapis, fait tourner le moteur très vite,
prend un virage enthousiasmant sur deux roues en patinant de côté —
et par son bruit grisant — il corne sans arrêt) lui permet-elle de sortir
momentanément de son état de paralysie et d'oublier, ne fût-ce qu'un
pauvre instant, que toute cette vitesse et ce bruit ne sont qu'illusion
dérisoire.

Ainsi armé, Alain est prêt à engager le combat avec sa femme
Madeleine. Ce combat est symbolisé par l'action que décrit Alain. Il
double le véhicule où se trouve Madeleine et son amant, Richard Hétu:
«Je réussis à leur couper la voie et à passer devant eux très lentement.»
On a l'impression d'assister à une chasse alors que le gibier est aux
abois: Alain les cerne à l'aide de sa voiture dont il dit que les pneus
mordent bien», tout en n'arrêtant pas de corner. Cette association des
gestes d'Alain avec ceux de la chasse, une forme de guerre, est
développée tout au long de la page. Alain se fondant à sa voiture
avoue avoir «repris une arme». S'il y a guerre et arme, il y a aussi des
blessés: Alain dit qu'il a été impotent — et peut-être l'est-il encore —,
et note qu'après avoir doublé la voiture des deux amants, sa femme
aussi «est amputée tout à coup». Les deux époux sortent de cette
guerre meurtris d'égale façon: l'un est impotent, l'autre amputé. Cette

chasse mortelle est évoquée en termes clairs: «Suffisant pour que nos deux âmes se prennent aux crocs. (...)» Comme des chiens cernant la proie avant la mise à mort. Chasse aux oiseaux aussi, où Richard joue le rôle de l'appelant — l'oiseau qui sert d'appeau — qui attire la proie pour qu'elle se prenne dans «la glu», — matière visqueuse et tenace, extraite de l'écorce du houx, et qui sert à la capture des oiseaux.

Pourquoi ce combat? parce qu'il est inévitable, inscrit dans l'ordre des choses, inhérent à la nature humaine, comme si les êtres humains étaient congénitalement des ennemis les uns pour les autres. Ce combat mortel, où le sang ne coule pourtant pas, se livre symboliquement au niveau des yeux, du regard. La victoire d'Alain — car il s'agit bien de cela, même si cette victoire est éphémère — survient au moment où il voit Madeleine sans qu'elle ait eu le temps de parer son regard. Véritablement il la possède du regard, il la transforme en objet, il l'objective. Alain, connaissant bien les règles du jeu, a manœuvré précisément pour porter ce coup fatal. Avant de couper la voie au deux amants, il est passé «devant eux très lentement» non pas pour les voir mais pour être vu en train de les voir sans qu'ils aient pu se douter de son approche. La seule chose que le texte nous apprenne de Madeleine, qui est la seule chose qui importe pour Alain, puisqu'elle est le signe de la défaite de sa femme, consiste dans cette courte phrase: «Oh! les yeux de Madeleine!» qui révèle à Alain que maintenant Madeleine sait qu'il sait. Et cela est insoutenable. Que tout le passage, comme tout le roman, soit donné à partir de l'unique point de vue d'Alain, ajoute encore au désarroi de Madeleine: elle n'a pas droit au regard offensif.

Désormais Madeleine sait qu'elle est perdue — elle finira d'ailleurs par se suicider plus loin dans le roman. Un transfert s'est opéré d'Alain à Madeleine. Avant ce combat décisif, Alain avouait son état de panique, son impotence. Après le combat, c'est Madeleine qui souffre de ces deux mêmes maux: «J'y revois la panique dont j'émerge. Elle aussi est amputée tout à coup.» Alain était frappé de panique et d'impotence par la faute de Madeleine. Le seul moyen de s'en libérer consiste à retourner l'arme pointée en sa direction contre l'agresseur. Il n'y a pas de victoire qui ne soit en même temps la défaite de l'autre. Rien ne se perd, rien ne se crée en ce monde. La souffrance doit nécessairement échoir dans les mains de quelqu'un. Pareille «victoire» est dérisoire, sérieusement hypothéquée dès le point de départ.

Car l'incommunicabilité marquant comme une tare les relations que les humains essaient de nouer entre eux ne reçoit pas de solution satisfaisante. En possédant Madeleine du regard, Alain a peut-être enfin réussi à rapprocher les lignes parallèles de leurs vies: «Plus d'opacité. Je ne la tiens plus à bout de bras.» Il a peut-être réussi à déchirer le rideau de ténèbres qui le séparait de Madeleine, il a peut-être, oui, réussi l'impossible en établissant pour la première fois le contact avec sa femme, en nouant une communication entre elle et lui: «Je l'habiterai bien tout le jour comme elle m'habitera. Nous nous sommes pénétrés enfin.» Mais cette communication vaut-elle mieux que l'impossibilité de communiquer si elle se fonde non pas sur l'amour mais sur la haine: «Ame contre âme, liés par la glu de la haine, autrement plus tenace que celle de l'amour.» Si la glu de l'amour a été éphémère pour le couple Dubois, celle de la haine promet des trésors de longévité: «Nous sommes assurés de nous tenir compagnie.» Ainsi la haine, plus vivace que l'amour parce que congénitalement naturelle, est-elle la seule façon durable pour les humains de communiquer entre eux. Muni de cette arme nouvelle et terrible, Alain se trouve, à la fin du passage, confronté avec le regard d'autres hommes, les passants, que d'ordinaire il ne peut supporter, mais qu'il affronte maintenant victorieusement, encore sous l'effet de sa victoire sur Madeleine: «Je débraye et fais tourner le moteur très vite. Les passants me regardent. Certains sourient avec indulgence. Si je laissais la pédale d'embrayage, ils mourraient en souriant.» Alain a compris qu'il fallait tuer avant d'être tué, que les sourires d'indulgence des passants sont le signe de leur faiblesse. Cependant il ne laisse pas la pédale d'embrayage, il ne tue pas les passants. C'est que l'injection de puissance qu'il s'est administrée a des effets limités et que conséquemment sa faiblesse reprend le dessus. Commence alors à s'opérer un second transfert qui fera passer l'indulgence des passants à Alain qui s'accrochera, après la mort de sa femme, à la pitié qui est à la fois l'envers de la haine et une version édulcorée de l'amour.

Le monde que décrit *Poussière sur la ville* est sensiblement différent de celui dans lequel évoluaient les personnages de *Bonheur d'Occasion*. Dans le roman de Gabrielle Roy, malgré la misère morale et physique des personnages, le monde demeurait susceptible d'être capté dans une vision synthétique. La composition du roman, le style de l'auteur, renvoyaient l'image d'une difficulté surmontée, maîtrisée. Si la détresse de tout un peuple avait de quoi faire réfléchir, la forme même dans laquelle se coulait l'histoire n'avait rien pour inquiéter. Tel n'est cependant plus tout à fait le cas avec *Poussière sur la ville*. L'apparition du *je* comme perspective narrative unique entraîne de sérieuses conséquences dans la mesure où ce *je* est coupé de tout. La prise de conscience par l'individu de lui-même s'effectue dans une sorte de no man's land, de vacuum. Certes l'action de *Poussière sur la ville* est située à Macklin qui est bien, par ses mœurs, ses habitants et sa géographie, une petite ville québécoise. Mais le roman ne nous apprend rien ou très peu du passé des deux protagonistes, Alain et Madeleine. En fait, le passé est quasi inexistant de la vie des deux époux, autant que les projets pour le futur. Amputés de la sorte, les personnages se débattent dans un présent desséchant. L'auteur leur supprimant d'office le recours au passé comme seul moyen de définir correctement leur situation spatio-temporelle présente, les personnages sont effectivement perdus dans un présent qui a tout de l'enfer et dont aucun futur ne semble devoir changer la nature. Ce présent a toutes les allures d'une situation irrémédiable et dont on ignore les causes qui ont conduit à son établissement. Il est vrai qu'en 1953 au Québec on avait suffisamment souffert de l'attachement maladif au passé pour vouloir lui tourner le dos une fois pour toutes. C'était cependant trancher dans le vif de sa chair et édifier un monde véritablement absurde — qui n'a pas de sens — dont la perception serait nécessairement fragmentaire et vacillante.

Aussi n'est-ce pas le moindre mérite de *Poussière sur la ville* que de rendre compte de cette traversée du désert, d'évoquer au plan proprement formel un monde dont les lignes ne sont plus aussi claires et nettes qu'autrefois. Les verbes attirent l'attention tant par leur nombre — en comparaison, les épithètes sont rares — que parce qu'ils sont pour la plupart des verbes d'action, ce qui est normal puisque le récit relate une action intense et rapide, quelques dizaines de secondes tout au plus. Mais, chose plus importante encore, presque tous les verbes sont au présent, sauf quelques brefs moments de réflexion sur ce qui vient de passer («lui je ne l'ai pas vu», «il n'était» etc.). Outre que le temps présent permette de rendre l'intensité d'une action qui, à cause de sa brièveté, ne s'inscrit pas dans la durée mais dans l'instant, il tend à présenter les faits en dehors de toute profondeur, en l'absence de tout relief, bref sans perspective temporelle. La vision du monde se dégageant du texte se trouve singulièrement rétrécie à une seule dimension temporelle. Cette impression est encore amplifiée par la présence de phrases nominales, qui, à la fois traduisent la rapidité de l'action par leur sécheresse télégraphique, mais surtout présentent les faits dans leur intensité en dehors de toute référence temporelle. Trois phrases nominales: «Oh! les yeux de Madeleine!»; «Cinq secondes»; «Plus d'opacité» — et deux participiales — «Suffisant pour que nos deux âmes...»; «Ame contre âme, liés par la glu de la haine, autrement plus tenace que celle de l'amour». L'espace temporel ne se laisse plus découper en belles tranches rassurantes. Si tout est présent il devient difficile sinon impossible d'établir des liens, de s'y reconnaître, de constituer des points de référence. Ordre chronologique et logique n'ont plus leur raison d'être. Le monde devient difficile à appréhender autrement que dans la fugacité de l'instant qui n'en révèle ni le sens profond, ni la provenance, ni la direction.

La composition de l'unique paragraphe qui forme le texte illustre ces réflexions. Un seul paragraphe pour relater un nombre impressionnant de gestes et d'actions, voilà qui traduit l'absence de divisions temporelles, la juxtaposition effrénée à l'intérieur d'un même espace temporel. Dans l'espace d'un court paragraphe nous assistons à la poursuite par Alain de la voiture de l'amant de sa femme, sa remontée à sa hauteur, le moment où il la double, les réflexions qu'il se fait en poursuivant sa route, et à une reprise de vitesse avant de stopper à une intersection. C'est beaucoup. Si le caractère unidimensionnel du temps colle à l'intensité de l'instant vécu, il traduit en outre un malaise profond devant un monde difficile à appréhender.

La brièveté et la sécheresse des phrases visent au même effet. A neuf reprises les phrases se limitent à un sujet et un verbe et presque aussi souvent à un sujet, un verbe, un complément. Presque toutes sont des indépendantes dont la plus longue ne compte pas deux lignes. Ces phrases sont en outre rarement coordonnées, presque toujours simplement juxtaposées. La pensée, comme l'action qu'elle relate, n'est pas saisie dans son déroulement logique et chronologique, mais dans le fractionnement de l'instant. Pareille juxtaposition illustre la difficulté qu'ont les êtres à nouer des relations entre eux, à maîtriser et comprendre le réel. Les phrases s'alignent l'une à la suite de l'autre, posées l'une à côté de l'autre. Le vide s'insère entre elles, l'absence de chevilles et de conjonction leur confère un visage mystérieux, menaçant même.

Le début et la fin du paragraphe se ressemblent étrangement. Les quatre premières phrases, limitées à la structure sujet-verbe à laquelle s'ajoute parfois un complément, présentent quatre sujets différents: spasme, je, voiture, sang. Ces quatre phrases sont simplement placées l'une à côté de l'autre sans que des liens les relient dans un même tout. C'est au lecteur qu'il revient de combler les vides. La chose se reproduit à la fin du paragraphe où nous retrouvons des phrases courtes, dotées de sujets différents, sans beaucoup de liens entre elles. De même les réflexions que se fait Alain après avoir doublé la voiture où se trouvent sa femme et son amant sont présentées de façon juxtaposée à l'image de la pensée morcelée: «Je peux continuer... Je l'habiterai... Nous nous sommes pénétrés... Plus d'opacité... Je ne la tiens plus... Ame contre âme... Comme des chiens...».

En huit ans le monde a bien changé. Si en 1945 avec *Bonheur d'Occasion* il était possible à l'auteur de disserter sur la situation sociale d'un quartier de Montréal, d'en évoquer les causes et d'ouvrir des perspectives sur l'avenir, en 1953 l'assurance du raisonnement logique semble avoir disparu. Le rythme nouveau ne permet plus ces subtilités et surtout a coupé hommes et choses de leur durée. Le monde apparaît désormais à l'homme en flashes dont il n'a pas le loisir d'analyser la signification, se contentant d'en enregistrer le passage. Comment dans ces conditions arriver à un équilibre intérieur fondé sur la connaissance de ses origines, de son évolution, de son devenir?

André Langevin (né en 1927)

Œuvres d'André Langevin

Evadé de la nuit, Montréal, Cercle du livre de France, 1951, 247 p.

Poussière sur la ville, Montréal, Cercle du livre de France, 1953, 213 p.

Le temps des hommes, Montréal, Cercle du livre de France, 1956, 233 p.

L'œil du peuple, Montréal, Cercle du livre de France, 1958.

L'Elan d'Amérique, Montréal, Cercle du livre de France, 1972, 239 p.

Une chaîne dans le parc, Montréal, Cercle du livre de France, 1974, 316 p.

Etudes sur André Langevin

Ouvrages

Bessette, Gérard, *Trois romanciers québécois,* (G. Roy, A. Langevin, V.-L. Beaulieu), Montréal, Jour, 1973, 240 p.

Articles et chapitres d'ouvrages

Beaver, John, «La métaphore théâtrale dans l'œuvre romanesque d'André Langevin», dans *Etudes littéraires,* vol. 6, no 2, août 1973, pp. 169-197.

Bednarski, Betty, «Espace et fatalité dans *Poussière sur la ville»,* dans *Etudes littéraires,* vol. 6, no 2, août 1973, pp. 205-239.

Bessette, Gérard, *«L'Elan d'Amérique* dans l'œuvre d'André Langevin», dans *Livres et auteurs québécois 1972,* Montréal, Jumonville, 1973, pp. 12-33.

Gaulin, André, «André Langevin essayiste», dans *Voix et images du pays VII,* Montréal, les Presse de l'Université du Québec, 1973, pp. 151-165.

«La vision du monde d'André Langevin», dans *Etudes littéraires,* vol. 6, no 2, août 1973, pp. 153-167.

Godbout, Roger, «Le milieu-personnage symbolique dans l'œuvre d'André Langevin», dans *Livres et auteurs canadiens 1966,* Montréal, Jumonville, 1967, pp. 198-203.

Major, Jean-Louis, «André Langevin», dans *Le Roman canadien-français,* «Archives des lettres canadiennes», t. 3, Ottawa, Fides, 1965, pp. 207-229.

Marcotte, Gilles, «L'œuvre romanesque d'André Langevin», dans *Une littérature qui se fait,* Montréal, H.M.H., 1962, pp. 51-61.

Robidoux, Réjean et André Renaud, «*Poussière sur la ville»,* dans *Le Roman canadien-français du vingtième siècle,* Ottawa, éditions de l'Université d'Ottawa, 1966, pp. 126-137.

Saint-Jacques, Denis, «*L'Elan d'Amérique»,* dans *Etudes littéraires,* vol. 6, no 2, août 1973, pp. 257-268.

Tardif, Jean-Claude, «Les relations humaines dans *Poussière sur la ville»,* dans *Etudes littéraires,* vol 6, no 2, août 1973, pp. 241-255.

Voisine, Simone, «L'expression de l'espace dans la trilogie romanesque d'André Langevin», dans *Etudes littéraires,* vol, 6, no 2, août 1973, pp. 199-213.

Illégitime défense
Le Libraire de Gérard Bessette

Illégitime défense
Le Libraire de Gérard Bessette

Le libraire, c'est Hervé Jodoin. Le roman, le journal qu'il tient pendant les quelques mois où il est employé à la librairie de Léon Chicoine, sise dans un petit village québécois, Saint-Joachim. Hervé est un homme d'âge mûr dont le journal nous apprend qu'il a déjà été répétiteur dans un collège d'où il a été chassé. Revenu de tout, ou presque, Hervé ne se fait aucune illusion sur la vie, ne nourrit aucune ambition si ce n'est celle de ne rien faire. Le monde, dans le Libraire, n'apparait pas plus drôle que dans Poussière sur la ville mais la façon de le percevoir est très différente. Hervé Jodoin n'est pas Alain Dubois, ou plutôt Hervé est peut-être un Alain qui a vieilli de vingt ans, qui ne trouverait aucun goût à une prise de conscience dramatique de l'existence et dont la pitié se serait muée au fil des années en agressivité contre tout ce qui risque de perturber sa tranquillité. Si Hervé est trop intelligent pour ne pas voir que le monde est le royaume de la bêtise et de l'absurdité, cela ne provoque chez lui nul désespoir, n'éveille en lui nulle volonté d'action. Il a depuis longtemps franchi l'étape de l'agitation, il a acquis un certain équilibre intérieur — fondé sur le refus de penser ou de faire quoi que ce soit — et qui est la seule chose pour laquelle il consentirait à déployer quelque effort s'il la sentait menacée.

Le roman parut en 1960, date qui, avec les années, est devenue un point de repère dans l'évolution de la société québécoise. Je ne crois pas que la parution du Libraire cette année-là soit pure coïncidence. Le Libraire marque l'entrée en scène définitive du je dans le roman québécois, Hervé jouant les fonctions de personnage et de narrateur. Après le Libraire se succèderont les romans écrits à la première personne du singulier. Or, 1960 marque l'apparition au Québec d'une nouvelle idéologie qui, se fondant sur la reconnaissance du Québec comme nation, tend à obtenir pour cette nation l'autonomie dans tous les secteurs de sa vie. La naissance du *je* dans le roman québécois est le pendant naturel à ce courant de pensée. L'année 1960, avec l'accession du parti libéral au pouvoir, marque aussi la volonté d'une classe sociale, la grande bourgeoisie québécoise, d'accéder aux postes de commande, d'obtenir sa part du gâteau. Cette volonté de puissance ne tient aucun cas du sort de l'immense majorité de la population si ce n'est dans la mesure où cela est susceptible de promouvoir ses intérêts. Aucun altruisme, aucune conscience collective profonde n'animent cette classe qui ne tient pas du tout à partager le sort de la majorité, qui se démarque ostensiblement par rapport au peuple. Ce comportement à l'endroit d'autrui, cette conception des relations humaines plus proche de l'oligarchie que de la démocratie sont, à peu de choses près, ceux d'Hervé Jodoin. Le texte que nous allons étudier nous le montre dans ses «contacts» avec les clients de la librairie où il travaille.

Le Libraire[1]

> *Mais ceux que je peux difficilement supporter, ce sont les crampons qui s'imaginent que je suis là pour leur donner des renseignements, des consultations littéraires. Seule la pensée que je serai obligé de déménager si je les rudoie trop m'empêche de les foutre à la porte. «Que pensez-vous de tel auteur? Avez-vous lu tel livre? Ce roman contient-il assez d'amour? Croyez-vous que celui-ci soit plus intéressant que celui-là?» A ces dégoûtants questionneurs, malgré l'effort plutôt vigoureux que l'opération exige, je serais tenté de mettre mon pied au cul. Mais je ne peux m'y risquer. Je dois me contenter de leur passer les livres que je crois le moins susceptibles de les intéresser. Cela requiert de ma part une concentration d'esprit qui me fatigue, mais on n'a rien sans peine. En effet, je ne peux leur suggérer des titres sans avoir une idée de leurs goûts; et il me faut, pour cela, leur poser quelques questions. Je me console en me disant que mes efforts sont un gage de tranquillité pour l'avenir. De fait, rares sont ceux qui récidivent. Certains, il est vrai, reviennent à la charge quelques jours plus tard en déclarant qu'ils ont*

---

1 Gérard Bessette, *Le Libraire*, Le Cercle du livre de France, Montréal, 1966, pp. 35-36.

trouvé le livre ennuyeux. Je leur demande alors des précisions sur les parties qui leur ont paru particulièrement somnifères ou scandalisantes et je leur refile un second bouquin aussi semblable au premier que possible. Le plus tordant, c'est que cette méthode m'a permis d'écouler un tas de rossignols poussiéreux qui croupissaient sur les étagères depuis des années et que M. Chicoine m'en a félicité. C'est ce qu'on appelle faire d'une pierre deux coups.

Si l'intelligence d'Alain Dubois, dans *Poussière sur la ville,* entraînait une quasi paralysie de sa part, celle d'Hervé Jodoin, le héros-narrateur du *Libraire,* n'est pas de même nature. Non seulement Hervé est-il, malgré peut-être les apparences, remarquablement intelligent, mais surtout est-il capable, une fois la situation analysée, d'organiser le réel selon ses désirs. A preuve ce passage où il relate comment il a mis au point un mécanisme de défense aussi simple qu'efficace pour se débarrasser des importuns et préserver sa tranquillité.

A une première lecture, nous avons l'impression, à cause des nombreux verbes au présent, qu'Hervé nous relate les faits au moment même où ils surviennent. Tel n'est cependant pas le cas. Nous savons qu'Hervé n'écrit son journal qu'une fois la semaine, le dimanche, et que ce qu'il couche sur papier est arrivé la ou les semaines précédentes. Une lecture plus attentive nous indique d'ailleurs que les faits rapportés sont situés dans le passé: «cette méthode m'a permis d'écouler un tas de rossignols poussiéreux qui croupissaient sur les étagères depuis des années et que M. Chicoine m'en a félicité.» Ce texte est donc un résumé de plusieurs jours, la somme des expériences d'Hervé avec les clients, de ses réactions à leurs questions et leur comportement. Hervé a fait œuvre d'analyse et de synthèse. Alors se dégage la véritable valeur des présents dans le texte: celle d'expression d'une loi générale qu'Hervé est parvenu à formuler après tâtonnements et expériences. La présence dans le texte de deux aphorismes — «on n'a rien sans peine», et «faire d'une pierre deux coups» — confirme la démonstration d'une loi générale.

Les présents nous décrivent la conduite type de Jodoin face au comportement type de ses clients. Le présent unit ici valeur d'habitude et de généralisation: «ceux que je peux difficilement supporter»; «Cela requiert de ma part»; «je me console à la pensée»; «je leur demande alors». Cette valeur de généralisation donne au texte une allure de mécanique infaillible, implacable, à laquelle aucun client ne saurait échapper. Hervé n'a rien d'un désemparé devant la vie. Il ne se laisse pas ballotter bien longtemps. Cette capacité d'organiser rapidement et concrètement le réel à son profit n'est pas chose fréquente en littérature québécoise pas plus que dans la société québécoise où les belles intelligences qui figent au contact de la réalité ne se comptent plus. Or, qu'est 1960 sinon cela: la réussite d'une classe sociale à s'emparer du pouvoir pour opérer à son profit une transformation politique, sociale, économique, de la société québécoise. Même si le roman de Bessette ne fait pas allusion à ce phénomène — comment l'aurait-il pu — le comportement d'Hervé n'est-il pas homologue à celui de la grande bourgeoisie québécoise à laquelle rien ne semblait impossible, pour qui l'avenir s'ouvrait sous de brillantes couleurs?

Pour mieux comprendre l'intelligence cartésienne d'Hervé, analysons la composition du texte, construit comme un véritable théorème mathématique, avec hypothèse, preuve et conclusion. L'hypothèse, le problème à résoudre, est énoncée dès la première phrase: «Mais ceux que je peux difficilement supporter, ce sont les crampons qui s'imaginent que je suis là pour leur donner des renseignements, des consultations littéraires.» Voilà le problème concret auquel le reste du texte va s'appliquer à trouver une solution: comment se débarrasser de ces gêneurs? Hervé élabore une solution qui s'articule en deux volets. Tout d'abord ce qu'il voudrait faire, solution la plus expéditive: «les foutre à la porte», (leur) «mettre mon pied au cul.» Mais cette solution présente un double inconvénient: Hervé risque d'être forcé de déménager parce que le patron de la librairie le congédierait, et d'autre part, toute réflexion faite, l'opération exigerait de sa part un effort «plutôt vigoureux», entendons «trop vigoureux». Conclusion: Hervé élimine cette première solution: «Mais je ne peux m'y risquer». A force d'expériences et d'analyses Hervé a échafaudé une seconde solution, beaucoup plus satisfaisante à tous égards, qui consiste, après avoir interrogé ses clients sur leurs goûts littéraires, à «leur passer des livres que je crois le moins susceptibles de les intéresser.» Le résultat rembourse Hervé de la concentration d'esprit à laquelle il a dû s'astreindre: «rares sont ceux qui récidivent», ce qui est un «gage de tranquillité pour l'avenir.» La partie n'est cependant pas encore tout à fait gagnée puisque certains clients rappliquent. Hervé élabore alors une deuxième solution, qui est une reprise de la première en plus raffinée: il leur refile, après de nouvelles questions, «un second bouquin aussi semblable au premier que possible». Le résultat dépasse toutes les espérances: non seulement se débarrasse-t-il, cette fois définitivement, des récidivistes, mais encore écoule-t-il des invendus, ce qui lui vaut les félicitations de M. Chicoine. Ainsi Hervé a-t-il renversé complètement la situation: il emmerde les emmerdeurs, et au lieu d'être congédié par Chicoine, il en est félicité. C'est avec raison qu'il peut écrire en fin de paragraphe l'aphorisme — «C'est ce qu'on appelle faire d'une pierre deux coups» — qui tient lieu ici du C.Q.F.D.

En aucun moment le récit d'Hervé ne quitte la ligne droite, ne varie de sa course, avançant avec la précision d'un mécanisme d'horlogerie, poursuivant, cernant, et détruisant sa proie avec la rapidité et l'efficacité d'un missile téléguidé. Le réel ne garde pas longtemps ses mystères pour l'intelligence cartésienne d'Hervé. L'ordre rigoureux de la composition de la page est à l'image de l'acuité de son analyse. Rien ne semble devoir échapper à son emprise, aucune difficulté qui ne puisse être surmontée par la raison. Tel me semble être aussi l'état d'esprit, qui se révéla par la suite de courte durée et qui correspond assez justement aux premières années de la révolution tranquille, qui prévalait à la fin du régime duplessiste et au début du règne libéral. Le monde semblait nouveau, ne demandant qu'à être conquis, et l'on avait l'assurance de posséder les outils nécessaires à sa conquête, ou du moins d'être capable de se les donner. Par comparaison avec le texte précédent, tiré de *Poussière sur la ville,* roman éclos en plein cœur de la «grande noirceur» duplessiste, celui-ci offre l'image d'une langue sûre d'elle-même, à laquelle l'expression d'aucune nuance n'échappe grâce à un système perfectionné de conjonctions, de prépositions, de chevilles: «Mais,» «cela requiert,» «en effet», «et il me faut», «de fait», «certains», «je leur demande alors», «c'est ce qu'on appelle», «le plus tordant c'est que cette méthode»... Le texte est fortement lié en chacune de ses parties à la manière d'un homme qui pose un pas devant l'autre en s'assurant constamment de ses arrières. Pas de juxtaposition ni de parataxe ici, mais une langue faisant appel à toutes les ressources de la pensée classique faite de clarté et de logique. Le monde découpé proprement en tranches comme un gâteau.

Mais Hervé n'est pas qu'un homme à l'intelligence cartésienne. Le texte nous en apprend bien davantage sur lui et cela est d'autant plus normal que, personnage et narrateur, il se dévoile consciemment ou inconsciemment tant par les choses qu'il dit que par la façon dont il les dit. Ainsi sa langue est révélatrice des relations qu'il entretient, ou s'efforce de ne pas entretenir, avec les autres hommes ici représentés par les clients de la librairie. L'originalité de la langue d'Hervé provient du mélange constant de deux niveaux de langue très éloignés l'un de l'autre. La langue d'Hervé est tantôt recherchée, littéraire, tantôt familière, populaire. De nombreux mots ou expressions utilisés par Hervé relèvent d'un niveau de langue recherchée, en tout cas certainement pas celui des habitants de Saint-Joachim. En voici quelques-uns à titre d'exemple: «des consultations littéraires», «si je les rudoie», «ces dégoûtants questionneurs», «malgré l'effort plutôt vigoureux que l'opération exige», «cela requiert de ma part une concentration d'esprit qui me fatigue», «leur suggérer des titres», «ceux qui récidivent», «gage de tranquillité pour l'avenir», «les parties (...) somnifères ou scandalisantes», «un tas de rossignols poussiéreux qui croupissaient»... Les exemples sont nombreux où Hervé emploie des mots ou expressions dénotant chez lui une culture certaine — il est vrai que le roman nous apprend qu'il a fait des études collégiales et qu'il a déjà été répétiteur dans un collège. Non seulement connaît-il ces mots mais en outre est-il capable de les grouper en des associations de son cru, du type «des consultations littéraires». De même il utilise toujours judicieusement les épithètes qui sont chez lui bien autre chose que des fleurs de rhétorique, étant au contraire lourdes de sens: «dégoûtants questionneurs», «parties somnifères ou scandalisantes», «rossignols poussiéreux», «effort vigoureux».

Pourquoi Hervé utilise-t-il ces mots et expressions appartenant à un niveau de langue recherché, littéraire? Parce que, bien sûr, elles lui sont familières en raison de ses études et de son travail antérieurs. Mais ce n'est pas la seule raison. Il choisit avec circonspection ses mots, il forge avec un malin plaisir ses associations de mots comme des flèches qu'il lance. L'intention ironique, sarcastique, est assez claire, Hervé se démarquant de façon non équivoque des «crampons» qui le gênent.

Mais alors pourquoi Hervé fait-il aussi souvent appel à des mots ou expressions appartenant à un niveau de langue tout autre, plus familier, populaire, proche de celui du parler des clients? Les exemples sont nombreux: «foutre à la porte», «mettre mon pied au cul», «refile», «le plus tordant c'est que», «un tas de». Il arrive même qu'une phrase réunisse deux niveaux de langue: «Le plus tordant, c'est que cette méthode m'a permis d'écouler un tas de rossignols poussiéreux qui croupissaient sur les étagères depuis des années». Le niveau de la langue populaire affecte non seulement le vocabulaire d'Hervé mais aussi la syntaxe de ses phrases qui versent dans la redondance: «Mais ceux que je peux (...) ce sont...»; «Le plus tordant, c'est que cette méthode...»; «C'est ce qu'on appelle faire d'une pierre deux coups». Pourquoi Hervé par ailleurs d'esprit si cartésien et d'une langue si claire et précise s'abandonne-t-il ainsi à utiliser un vocabulaire et des constructions qui jurent par leur ton relâché? Parce que, par-dessus l'épaule d'Hervé, se devine peut-être l'auteur qui tire les ficelles et qui sait que le choc de deux niveaux de langue provoque le rire. Mais je préfère une explication qui se fonde uniquement sur le type d'homme qu'est Hervé. Si Hervé passe ainsi d'un niveau de langue à un autre c'est peut-être qu'il juge trop fatigant — nous verrons qu'il est particulièrement veule et paresseux — de se maintenir dans les hauteurs de la clarté cartésienne. C'est peut-être aussi que le niveau de langue populaire sert d'exutoire à son agressivité à l'endroit des clients, agressivité qui trouve difficilement à exprimer toute sa vigueur dans une langue nuancée, mesurée. Hervé se donne la satisfaction de dire leur fait aux «crampons» dans leur langue qu'il est tout à fait capable de manier dans une intention ironique.

La domination d'Hervé sur les clients est totale. Il comprend et démonte le mécanisme de leur comportement au point de pouvoir les manœuvrer à sa guise et ce, à leur insu, puisque les Joachinois ne se doutent pas un instant du complot dont ils ont été l'objet par celui à qui ils se sont adressés en toute naïveté. L'opposition singulier-pluriel qui parcourt le texte est révélatrice de la prépondérance d'Hervé et de son mépris pour les clients. D'une part, il y a un *je* qui est identifié, Hervé Jodoin, et qui en tant que personnage et narrateur taille en pièces les clients tant dans les faits que dans la relation qu'il en donne. D'autre part, il y a les clients qui sont nombreux et non individualisés. Hervé les considère comme une masse également insipide et idiote. Il les désigne par des collectifs péjoratifs à valeur de définition: ce sont «les crampons» ou «ces dégoûtants questionneurs».

Au niveau du vocabulaire, l'agressivité et le mépris d'Hervé à l'endroit des clients est encore plus nette. Aux yeux d'Hervé, ils apparaissent tous tant qu'ils sont de pauvres types sans intelligence. Hervé doit faire sienne la phrase de M. Teste: «La bêtise n'est pas mon fort». Le principal grief qu'il entretient contre eux, ce qui l'exaspère particulièrement, c'est que leur manque de connaissance ou d'intelligence les oblige à avoir recours à une autre personne, en l'occurrence lui-même. Leur manque d'autonomie, leur incapacité de se débrouiller seul, horripilent Hervé dont la ligne de conduite est de ne compter sur personne d'autre que lui-même. En ce sens son cynisme, son mépris, ne sont ni gratuits ni universels. Hervé ne déploierait pas pareille somme d'énergie — du moins à son aune — pour les tromper s'ils ne l'avaient provoqué par leurs questions idiotes. Hervé est inoffensif pour les clients silencieux en autant qu'ils remettent à leur place les livres qu'ils ont feuilletés. Le monde d'Hervé est celui du chacun pour soi, et donc celui des forts. Malheur à ceux qui sont incapables de se plier à la règle. Hervé les ravale au rang des parasites, les définissant comme «les crampons», ceux qui s'accrochent aux autres, bref des emmerdeurs. Il utilise à plusieurs reprises pour les désigner le démonstratif à valeur péjorative (le *iste* latin): «ceux que je peux difficilement supporter» et surtout le «ces dégoûtants questionneurs» qui met le doigt sur leur faute: ils posent des questions. Pour Hervé, toute personne qui pose des questions traduit son état maladif, son incapacité de trouver elle-même les réponses. Aussi se voit-il comme un médecin devant des patients lui demandant des «consultations littéraires» — le traitement qu'il leur administre ressemble fort à un électrochoc. Non seulement leurs questions en elles-mêmes impatientent-elles Hervé, mais leur nature le met hors de lui parce qu'il y reconnaît la bêtise et les tabous de toute une société. «Ce roman contient-il assez d'amour?» demandent-ils innocemment, voulant dire par là est-ce que l'amour tient une grande place dans le roman, étant entendu qu'à leurs yeux un roman est bon ou mauvais selon le degré d'amour qu'il contient — une question de recette, quoi! Leurs questions sur la «quantité» d'amour contenu dans un roman cachent en outre une réalité encore plus désolante qu'Hervé a vite fait de découvrir. Pour connaître les préférences de ses clients, Hervé n'a qu'à s'enquérir des parties d'un livre qui leur ont paru somnifères ou scandalisantes, réactions qui dénotent chez eux une certaine fixation sexuelle — et le roman confirme cela par le récit de l'affaire de l'*Essai sur les mœurs.*

Hervé n'a donc aucun mal à contrer les assauts des clients importuns. Mais qu'il joue avec eux comme le chat avec la souris révèle chez lui une forte dose de cynisme et d'agressivité à leur endroit. Si par ses questions il cherche à avoir une idée de leurs goûts, ce n'est pas dans le but de les satisfaire, mais avec l'intention avouée de les contrarier. Loin de craindre l'affrontement, Hervé le force, loin de chercher la sympathie d'autrui, il s'efforce au contraire de provoquer de l'antipathie à son endroit. Un grand nombre de mots ou d'expressions du texte véhiculent l'idée d'agressivité et indiquent qu'aux yeux d'Hervé ses relations avec ses clients sont placées sous le signe du combat. Il les désigne par le terme évocateur de «crampons» qui, au sens propre, est une pièce de métal recourbé qui permet d'obtenir une meilleure fixation, une meilleure adhérence. Pour Hervé les «crampons» — véritables parasites — s'accrochent à lui, s'incrustent dans sa chair, dans son être. Comme une armée d'envahisseurs, ils «reviennent à la charge». Plus significatif encore est peut-être le verbe «récidiver» qu'il emploie en parlant d'eux. Ce verbe est d'ordinaire utilisé pour décrire un criminel qui commet sans cesse les mêmes infractions. Le terme est fort, mais dans l'esprit d'Hervé les «crampons» sont coupables de crime de lèse-intimité, de lèse-solitude, trop faibles pour vivre pleinement leur solitude et s'infiltrant dans celle des autres. Aussi la réplique d'Hervé sera-t-elle violente. Comme les «supporter» est une épreuve trop grande, il est tenté de les rudoyer, de les foutre à la porte, de leur mettre son pied au cul, autant d'expressions qui révèlent une forte agressivité.

Si cette agressivité de sa part est présentée comme la réponse aux assauts des clients, elle n'est pas sans prendre les couleurs du défoulement, Hervé prenant manifestement plaisir à berner les «crampons». On est en droit de se demander pourquoi il se sent menacé par ses clients, pourquoi il perçoit les relations humaines comme un combat, voire une guerre? Pourquoi tout contact avec autrui lui apparaît-il comme un danger, comme une menace à sa personne, préférant vivre seul, sans contact avec le reste de l'humanité qu'il juge sévèrement, qu'il condamne et qu'il tue symboliquement par son intelligence faite d'ironie et de cynisme?

Avant de répondre à ces questions, il convient d'étudier une autre facette de la personnalité d'Hervé, tout aussi importante que la première, sa veulerie, sa paresse. Hervé fuit le moindre effort, et tout, même les choses les plus simples et courantes, prennent chez lui des proportions démesurées. La seule pensée d'un possible déménagement suffit pour le retenir de rudoyer les «crampons», ce dont il aurait pourtant grandement envie. Leur donner un coup de pied au cul est en soi toute une «opération» requérant un «effort plutôt vigoureux». Répondre aux questions des clients équivaut à donner des «consultations littéraires» et cela nécessite de sa part peine, efforts, et une «concentration d'esprit qui (le) fatigue». Bref toute action physique ou intellectuelle, si insignifiante soit-elle, le rebute.

Les expressions connotant l'idée d'obligation sont nombreuses dans le texte comme si tout apparaissait à Hervé comme imposé et pénible. En voici quelques exemples: «Ceux que je peux difficilement supporter»; «je serai obligé de déménager»; «l'effort plutôt vigoureux que l'opération exige»; «Je dois me contenter»; «Cela requiert de ma part une concentration d'esprit»; «on n'a rien sans peine»; «et il me faut, pour cela, leur poser quelques questions». Tout prend pour Hervé les proportions d'une condamnation aux travaux forcés. L'utilisation du pluriel magnifie le moindre effort: «des renseignements, des consultations littéraires»; «quelques questions» où le «quelques» isole chaque question et la rend plus fastidieuse, «des questions» n'aurait pas produit cet effet; «mes efforts»; «des précisions». Le possessif au lieu du défini — «mettre mon pied au cul» — produit aussi le même effet.

Si Hervé ne trouve rien d'emballant, s'il ne prend plaisir à rien si ce n'est écrire son journal, et cela reste à prouver, c'est qu'il est indifférent à l'égard de tout, qu'il refuse tout. Hervé ne se conjugue presque jamais à la forme affirmative. La forme négative semble son état normal. Il dit les choses, et les pense, négativement. «Ceux que je peux difficilement supporter» signifie «Ceux que je ne peux pas supporter», «ceux que je ne supporte pas». Il refuse de donner des consultations littéraires. Il écrit: «Seule la pensée que je serai obligé de déménager si je les rudoie trop m'empêche de les foutre à la porte», où nous le voyons à nouveau refuser de faire deux gestes. Le conditionnel «je serais tenté de mettre mon pied au cul» évoque une hypothèse qui ne deviendra jamais réalité, comme le «je ne peux m'y risquer». Enfin Hervé fait sien un aphorisme qui, comme par hasard, est à la forme négative: «on n'a rien sans peine».

Ajoutons à cela son refus quasi systématique, comme narrateur, de donner des détails dans sa relation des faits. Il utilise l'article indéfini qui, joint au pluriel, ne dit rien en ayant l'air de tout dire. Il parle «des renseignements» et «des consultations littéraires» que les «crampons» lui demandent, «des titres» qu'il leur suggère sans donner d'exemples précis, «des précisions» qu'il doit leur demander pour connaître leurs goûts sans élaborer davantage. L'adjectif indéfini marque souvent son refus de préciser: «Que pensez-vous de tel auteur? Avez-vous lu tel livre?» Nous ne saurons jamais de quel livre il s'agissait. Il doit poser «quelques questions», les récidivistes reviennent à la charge» «quelques jours plus tard», sa méthode lui permet d'écouler «un tas de rossignols» dont nous ne saurons jamais les titres non plus. Le démonstratif qui d'ordinaire sert à désigner quelque chose ou quelqu'un de précis ne précise rien du tout sous la plume d'Hervé: «Ce roman contient-il assez d'amour? Croyez-vous que celui-ci soit plus intéressant que celui-là?» ne nous aident pas beaucoup pour découvrir de quels romans il est question, précisions qui, au plan sociologique, auraient sans doute été utiles pour nous donner une meilleure idée des habitudes de lecture des Joachinois. Mais pour Hervé, cela ne présente aucun intérêt, et comme il est le meneur de jeu, nous en sommes quittes pour rester sur notre faim.

Résumons. Hervé nous est apparu comme un homme supérieurement intelligent mais, parce que tout contact humain l'excède, il tourne cette intelligence contre ceux qui essaient de nouer des liens avec lui. Il est par ailleurs aussi paresseux qu'il est intelligent, ce qui tempère d'autant son agressivité envers autrui. Il avoue lui-même qu'il serait trop risqué et trop fatigant de laisser libre cours à ses réactions instinctives, c'est-à-dire, rudoyer les «crampons», leur mettre son pied au cul, les foutre à la porte. Ce qu'il n'avoue pas, cependant, c'est que l'écriture lui tient lieu de palliatif, d'exutoire à son agressivité. Car que fait-il dans cette page de son journal si ce n'est de rudoyer les «crampons», de leur mettre symboliquement son pied au cul et de les foutre à la porte? L'écriture, en autant qu'elle n'est pas pratiquée de façon excessive, c'est-à-dire, une fois la semaine, le dimanche de préférence quand les tavernes joachinoises sont fermées, est pour Hervé, sans qu'il se l'avoue, le moyen de faire ce qu'il n'a pas fait dans la réalité. Cette conception de la littérature comme moyen de défoulement, ce qui n'est pas très éloigné d'en faire le lieu privilégié du rêve, surprend dans un roman, *le Libraire,* qui, lors de sa parution a été étiqueté d'anti-roman, et dont l'écriture a pu être rapprochée de l'écriture blanche de *l'Etranger* d'Albert Camus. En fait, par certains aspects du moins, et la conception de l'écriture que se fait le narrateur n'est pas le moindre, *le Libraire* s'inscrit dans un courant littéraire tout à fait conservateur, c'est le moins qu'on puisse dire. J'ai associé plus haut le comportement d'Hervé envers les «crampons» à celui de la grande bourgeoisie québécoise qui s'empare du pouvoir en 1960. Cette bourgeoisie n'avait évidemment aucune intention révolution-naire comme nous l'avons appris depuis. L'expression «révolution tranquille» qui désigne cette période de notre histoire est en soi suffisamment ironique. Or, quel est l'idéal auquel aspire Hervé: «Je me console en me disant que mes efforts sont un gage de tranquillité pour l'avenir». On ne peut être plus clair: son idéal, c'est d'avoir une paix, une tranquillité à toute épreuve, de vivre dans un état de repos, de non-effort, pour lui l'équivalent de la béatitude. Aucun projet de transformation des choses ou de lui-même ne saurait le tenter. Sa ligne de vie est pantouflarde à souhait: se contenter du niveau qu'il a atteint. Il est l'homme satisfait, content de lui-même, et qui n'en désire pas davantage. Cette satisfaction facile, cette absence de projet frisant l'opportunisme, pour tout dire ce refus de la vie, tout cela ne caractérise-t-il pas la bonne vieille mentalité québécoise empreinte de négativisme, et ne fait-il pas d'Hervé Jodoin un parent somme toute assez proche de la classe sociale qui a pris le pouvoir la même année où il rédigeait son journal?

Gérard Bessette (né en 1920)

Œuvres de Gérard Bessette

Poèmes temporels, Monte-Carlo, Regain, 1954, et Montréal, Jour, 1972.

La Bagarre, Montréal, Cercle du livre de France, 1958, 231 p.

Les Images en poésie canadienne-française, Montréal, Beauchemin, 1960.

Le Libraire, Montréal, Cercle du livre de France, 1960, 173 p.

Les Pédagogues, Montréal, Cercle du livre de France, 1961, 309 p.

Anthologie d'Albert Laberge, Montréal, Cercle du livre de France, 1962.

L'Incubation, Montréal, Déom, 1965, 178 p.

Une littérature en ébullition, Montréal, Jour, 1968.

De Québec à Saint-Boniface, récits et nouvelles du Canada français, choix de textes, notes et préfaces, Toronto, Macmillan, 1968.

Histoire de la littérature canadienne-française, en collaboration avec Lucien Geslin et Charles Parent, Montréal, Centre éducatif et culturel, 1968.

Le Cycle, Montréal, Jour, 1971, 213 p.

Trois romanciers québécois (G. Roy, A. Langevin, V.-L. Beaulieu), Montréal, Jour, 1973, 240 p.

La Commensale, Montréal, Quinze, 1975, 156 p.

Etudes sur Gérard Bessette
Ouvrages

Boucher, Yvon, (sous la direction de), *Gérard Bessette,* «Le Québec littéraire I», Montréal, Guérin, 1974, 166 p.

Articles et chapitres d'ouvrages

Allard, Jacques, «*Le Libraire* de Gérard Bessette ou comment la parole vient au pays du silence», dans *les Cahiers de Sainte-Marie,* no 4, Avril 1967, pp. 51-63.

Ricard, François, «*La Commensale* de Gérard Bessette ou le double visage de Jérôme Chayer», dans *Liberté,* no 102, vol. 17, 6, nov.-déc. 1975, pp. 95-107.

Robidoux, Réjean et André Renaud, «*Le Libraire*», dans *Le Roman canadien-français du vingtième siècle,* Ottawa, les Presses de l'Université d'Ottawa, 1966, pp. 104-112.

Robidoux, Réjean, «Le cycle créateur de Gérard Bessette ou le fond c'est la forme», dans *Livres et auteurs québécois 1971,* Montréal, Jumonville, pp. 11-28.

Shortliffe, Glen, «Gérard Bessette, l'homme et l'écrivain», dans *Etudes françaises,* vol. I, no 3, oct. 1965, pp. 17-42.

Smart, Patricia, «Relire *l'Incubation*», dans *Etudes françaises,* vol. VI, no I, 1970, pp. 193-213.

Smith, Donald, «L'invention verbale dans le roman québécois contemporain: Bessette, Godbout», dans *Co-Incidences,* vol. I, no I, mars 1971, pp. 4-19.

Libre comme... Québec
Le Damned Canuck de Gaston Miron

Libre comme... Québec
Le Damned Canuck de Gaston Miron

Avec l'œuvre de Gaston Miron nous entrons dans un univers tout autre que celui du *Libraire*. Publiés en 1970 dans le recueil *l'Homme rapaillé*, les poèmes de Miron ont été composés dans une période allant du début des années cinquante à la fin des années soixante. Qu'y a-t-il de différent? Une chose, mais tellement importante qu'elle change tout: la prise de conscience du phénomène colonial. Gaston Miron s'est expliqué là-dessus dans un «recours didactique» intitulé «Un long chemin», où il retrace son évolution intérieure qui est aussi celle de nombreux Québécois.

Grâce à des lectures, celles de Memmi, Berque et Fanon notamment, Miron découvre pendant les années cinquante que le Québec est en état de colonialisme avancé, et que lui, en tant que Québécois, est un être colonisé. Cette découverte le bouleverse et transforme sa vie et sa poésie au point où, pendant plusieurs années, il cessera d'écrire préférant consacrer toutes ses énergies à l'action directe. Il s'emploie dès lors à ouvrir les yeux de ses compatriotes sur l'état colonisé de leur pays, sur leur statut d'hommes dépossédés, dominés. Même si cela fait mal, il accepte de regarder la réalité en face, il assume celui qu'il est, parce que c'est là la première et nécessaire étape sur le long chemin de la guérison. Refusant de se laisser séduire par «les vertiges sucrés des euphories», il rejette catégoriquement toute tentation de salut individuel. Il fait désormais corps avec la collectivité à laquelle il a conscience d'appartenir, persuadé que son sort est intimement lié à celui de ses frères. Ce n'est pas le moindre mérite du recueil *l'Homme rapaillé* que de nous faire assister à ce passage du *je* au *nous,* changement grammatical qui recouvre toute une conception de l'homme et de la littérature.

L'individu, laissé seul à lui-même, est un homme perdu, aussi intelligent soit-il, car il ne peut parvenir à résoudre ses conflits intérieurs que si la collectivité toute entière les résout à un niveau plus élevé. Miron fixe comme but à l'écriture dans un premier temps le dévoilement de la réalité du phénomène colonial, qui pourra permettre, dans un deuxième temps, l'avènement d'un homme et d'une société libérés.

Le poème que j'ai choisi d'étudier fait partie du cycle «La vie agonique» et constitue un extrait de la suite «la Batèche» où le poète peint sans ménagement l'aliénation du peuple québécois et témoigne de la fraternité qui l'unit à ses camarades de lutte, à ses frères. Succédant aux premières parties du recueil, «Au pays du son bleu», «Quelque part par ici» et «La marche à l'amour», «La vie agonique» marque un brusque changement de ton, un approfondissement douloureux dans la description de la condition québécoise.

Le Damned Canuck
(extrait de la Batèche)[1]

> *nous sommes nombreux silencieux raboteux rabotés*
> *dans les brouillards de chagrin crus*
> *à la peine à piquer du nez dans la souche des misères*
> *un feu de mangeoire aux tripes*
> *et la tête bondieu, nous la tête*
> *un peu perdue pour reprendre nos deux mains*
> *ô nous pris de gel et d'extrême lassitude*
>
> *la vie se consume dans la fatigue sans issue*
> *la vie en sourdine et qui aime sa complainte*
> *aux yeux d'angoisse travestie de confiance naïve*
> *à la rétine d'eau pure dans la montagne natale*
> *la vie toujours à l'orée de l'air*
> *toujours à la ligne de flottaison de la conscience*
> *au monde la poignée de porte arrachée*

---

1 Gaston Miron, *l'Homme rapaillé*, les Presses de l'Université de Montréal, 1970, p. 55.

> *ah sonnez crevez sonnailles de vos entrailles*
> *riez et sabrez à la coupe de vos privilèges*
> *grands hommes, classe écran, qui avez fait de moi*
> *le sous-homme, la grimace souffrante du cro-magnon*
> *l'homme du cheap way, l'homme du cheap work*
> *le damned Canuck*

> *seulement les genoux seulement le ressaut pour dire*

Ce poème m'apparaît comme un essai de définition de l'homme québécois — homo quebecencis —, variété de l'espèce humaine. Plusieurs éléments indiquent cette volonté de définition, et notamment l'utilisation du verbe être et la présence de nombreux articles définis. Les premiers mots du poème sont «nous sommes». Le verbe être conjugué au présent est la forme spécifique de la définition. A la question «qui êtes-vous?», je réponds «je suis». A la question «qui sommes-nous?», nous répondons «nous sommes». En outre l'article défini a dans le texte sa pleine valeur de définition. Le poème appartient à la suite «La vie agonique», titre qui, en soi, est une définition de la vie de l'homme québécois, une vie qui, selon le néologisme «agonique», ressemble à une agonie, une vie à la limite de la vie, une vie qui n'est déjà presque plus la vie. Le poème s'inscrit aussi dans le cycle de «la Batèche», nouvelle caractérisation de la vie de l'homme québécois, qui, que l'on retienne l'un ou l'autre des deux sens de «batèche» (ou les deux) — le juron: la batèche de vie; la locution adverbiale: être en batèche (être fâché) — recoupe le caractère «agonique» de la vie de l'homme québécois. Cet homme est souvent désigné dans le poème par le défini. Il apparaît tour à tour comme «le damned Canuck», «le sous-homme», «l'homme du cheap way», «l'homme du cheap work», autant de réponses différentes mais semblables à une même question: Qui est l'homme québécois?

Pour le définir, Miron a recours à différentes langues, au nombre de quatre: le français, le québécois, l'anglais, et une langue poétique faite de néologismes («agonique») et d'associations de mots poétiques s'inspirant de la sensibilité particulière de l'homme québécois («les brouillards de chagrin crus»). Que Miron ait senti le besoin d'utiliser quatre langues pour définir l'homme québécois relève qu'en lui s'affrontent des éléments très différents, que cet être au carrefour des civilisations française et anglaise s'est forgé une personnalité particulière, québécoise. Cet homme est le lieu d'un affrontement.

La première caratéristique de l'homme québécois aux yeux de Miron est son état d'être exploité, dominé, exploitation et domination posées comme des faits irréfutables. Comme le temps présent est le temps privilégié du poème, le seul passé se détache davantage: «grands hommes, classe écran, qui avez fait de moi le sous-homme». En plus de présenter l'exploitation de l'homme québécois comme irrémédiablement accomplie dans un passé plus ou moins lointain, le passé composé a une forte valeur de conséquence sur le présent: ce qui s'est passé autrefois continue d'avoir des effets aujourd'hui, la cause de l'exploitation présente de l'homme québécois s'enracinant dans le passé.

Le réseau lexical de l'exploitation est abondant. Cet homme est «silencieux», dans le sens où il garde le silence, demeurant calme et sans mouvement de révolte malgré son exploitation: dominé, il accepte sa domination. Le poème dit aussi de cet homme qu'il est «raboté», c'est-à-dire qu'il a été comme dressé au rabot. Il est «à la peine», où le mot «peine» a ici son sens fort de sanction, de travail difficile, punitif. Il est enfin désigné par quatre définis sans équivoque: il est «le sous-homme», celui qui n'a pas encore atteint la stature de l'homme, ou encore celui qui a été ravalé, diminué; il est «l'homme du cheap way» (mot à mot «la façon bon marché»), l'homme frustre, mal équarri; il est aussi «l'homme du cheap work», l'homme qui sert de cheap labour, de main-d'œuvre à bon marché; enfin il est «le damned Canuck», le maudit — parce que détesté et honni — Canadien français. Les trois dernières expressions empruntent à l'anglais ce qui ajoute encore à l'aliénation de l'homme québécois dont la définition, et par conséquent l'existence, passent par la langue et l'existence d'autrui.

L'homme québécois est dominé par un exploiteur clairement identifié à l'Anglais. Cet exploiteur est lui aussi désigné par des termes appartenant au phénomène colonial et à la lutte des classes. Il ne peut en effet y avoir d'exploiteur sans exploité, une même mécanique régissant le comportement de chacun. Cet exploiteur a des «privilèges», mot-clé qui fait de lui un usurpateur jouissant d'avantages indus acquis aux dépens de la majorité. Un vers en particulier décrit l'action des exploiteurs: «grands hommes, classe écran, qui avez fait de moi le sous-homme». Est dénoncée ici l'existence de différences entre les hommes, différences voulues et entretenues par certains à leur profit et au détriment des autres. D'une part, les «grands hommes», ceux qui détiennent pouvoir et puissance — l'épithète «grands» a aussi valeur ironique —, d'autre part, «le sous-homme». Ces «grands hommes» forment une classe ce qui est déjà restrictif, qualifiée de «classe écran», car elle s'interpose entre les autres hommes et ses privilèges de classe. Enfin le syntagme verbal «qui avez fait de moi», rejetant de chaque côté du passé composé un sujet (grands hommes) et un complément (moi le sous-homme), illustre la relation de cause à effet qui les unit.

La nature usurpatrice, belliqueuse et jouisseuse de l'exploiteur est évoquée dans un vers lourd de plusieurs sens: «riez et sabrez à la coupe de vos privilèges». On relève dans ce vers des termes de chasse et de guerre: sabrez (frapper à coups de sabre), coupe (action de couper mais aussi le prix qui récompense le vainqueur dans une compétition); des termes de joie: riez, qui rappelle le «sonnez sonnailles» du vers précédent, et l'expression «sabrez à la coupe» qui invite à transposer «sabrez» en «sablez à la coupe» (verre à boire). Ces privilèges de l'exploiteur peuvent être ceux de droits de coupe du bois — «sabrez à la coupe»: pratiquer de larges coupures dans les coupes de bois, l'homme québécois réduit à la tâche pénible et peu rénumératrice de bûcheron, cheap labour des grandes compagnies qui exploitent la forêt québécoise. Miron oppose exploiteur et exploité en précisant ce que chacun a dans le ventre. L'exploiteur: «Sonnez crevez sonnailles de vos entrailles». L'exploité: «un feu de mangeoire aux tripes». Enfin le possessif rend à chacun son dû: l'exploité, «nos deux mains», l'exploiteur «vos entrailles», «vos privilèges».

Le résultat de cet état de dépendance de l'homme québécois par rapport à la classe écran des «grands hommes» est longuement décrit dans le poème. L'homme québécois apparaît comme un être diminué, rapetissé, qui n'aurait pas atteint sa pleine grandeur, ou mieux, qui aurait été mutilé, amputé. Il est un «sous-homme», comparé à «la grimace souffrante du cro-magnon». Ce dernier terme, emprunté du site où l'on a trouvé des crânes humains, désigne une race d'hommes préhistoriques à mi-chemin entre le singe et l'homme d'aujourd'hui. L'homme québécois serait donc un homme préhistorique qui n'aurait pas encore atteint le stade de l'homo sapiens ou qui serait en voie de régression. Ce sous-homme n'a d'ailleurs pas de jambes, «seulement les genoux». Le terme méprisant par lequel on le désigne, «Canuck» est amputé à son image. D'ailleurs que fait-il? Il est «à la peine à piquer du nez dans la souche des misères», entraîné vers le sol comme si la station debout lui était difficile ou interdite par la nature de son travail. Il pique du nez «dans la souche des misères», image doublement évocatrice des difficultés indéracinables qu'il affronte, et de la souche (arbre amputé) qui est une représentation de lui-même. A la limite, cet homme dont on a dit qu'il était «la grimace souffrante du cro-magnon», à mi-chemin entre l'animal et l'homme, a davantage les allures d'un animal. Il n'a pas d'estomac ou d'entrailles mais des «tripes», et il mange dans une mangeoire, une auge d'animaux.

Cet homme-animal est un être de souffrance tant physique que morale. Souffrance physique tout d'abord, causée par son travail pénible, comme une «peine» qu'on lui aurait imposée. Il travaille avec son corps, avec ses mains, comme une bête de somme. De quel travail s'agit-il? Le vers «à piquer du nez dans la souche des misères» donne deux possibilités probablement vraies toutes les deux et qui correspondent à la réalité québécoise: le mot «souche» évoque tant le dur travail de la terre qu'il faut essoucher, que celui de l'abattage du bois en forêt. Résultat de ce travail de forçat, l'homme-animal a faim, il ressent «un feu de mangeoire aux tripes», il est exténué, épuisé, «pris d'extrême lassitude», sa vie se consumant «dans la fatigue». C'est un être malade, dévoré par la fièvre, qui a «le feu aux tripes» en même temps qu'il se sent «pris de gel».

Aussi cet être est-il grossier, mal équarri — équarri à la hache —, sans aucun raffinement. S'il est silencieux, c'est qu'il a perdu l'usage de la parole, qu'il est devenu muet, incapable de communiquer ce qu'il ressent, «pris de gel» comme on dit «pris de la grippe». Il est «raboteux», rude, plein d'aspérités. Il n'est pas un homme mais un sous-homme. Il n'est même pas l'homme du cro-magnon, il n'en est que «la grimace».

Cet homme est perdu, il n'a plus la possession de lui-même, atteint dans sa santé physique comme mentale. Il erre dans «les brouillards de chagrin crus» qui l'empêchent de voir. Il n'est donc pas seulement muet mais aveugle. Sa tête est «un peu perdue», il ne sait pas qui il est, ce qu'il fait, d'où il vient et où il va. Sa vie est absurde, se consumant dans la fatigue «sans issue». Pour lui, aucune possibilité d'amélioration: il est condamné tant qu'il lui restera un souffle de vie à se consumer sur place sans espoir pour le futur.

A la vérité cet être est à la veille de mourir, sa vie «agonique» n'est qu'une longue agonie. Il manque d'air, il étouffe: «la vie toujours à l'orée de l'air, toujours à la ligne de flottaison de la conscience». Il se maintient tout juste la tête hors de l'eau pour ne pas sombrer, à la limite du naufrage, un peu plus et c'est la fin. Il est en vie mais il ne vit pas, maintenu dans un état larvaire lui permettant encore de faire les gestes du travail mais l'empêchant de prendre conscience de sa situation, tout simplement de penser. Il est enfermé, prisonnier dans une pièce dont on a bouché les issues: «au monde la poignée de porte arrachée». Il n'aura jamais accès au monde, à l'air, à la vie, il restera toujours «à l'orée», incapable, parce que trop abattu, de faire sauter la porte et d'échapper à l'asphyxie.

Cet homme ne vit pas il existe. Il n'a jamais eu la maîtrise de sa vie. La vie semble se dérouler de façon autonome, comme à l'extérieur de lui-même. A nouveau ici les définis ont toute leur importance: «la vie se consume dans la fatigue sans issue la vie en sourdine». La vie n'est jamais sa vie. C'est la vie qui a des «yeux» et une «rétine», et qui aime «sa complainte». Les choses sont douées d'une existence propre, plus solide, plus stable que la sienne. Même les membres de son corps semblent vivre d'une vie autonome, indépendemment de sa volonté: le poème ne dit pas «ses genoux» mais «les genoux», «sa tête un peu perdue» mais «la tête un peu perdue». Comment pourrait-il en être autrement, comment cet homme pourrait-il vivre sa vie quand il se sent «pris de gel et d'extrême lassitude», quand la vie — et non sa vie — «se consume dans la fatigue sans issue», quand la vie est amortie par une «sourdine», quand la vie respire à peine, court après son souffle, «toujours à l'orée de l'air», «à la ligne de flottaison de la conscience», quand entre le monde et lui il y a une porte fermée dont on a arraché la poignée: il ne pourra jamais voir du monde que ce que l'on voit à travers le trou de la porte.

Cet homme est tellement démuni et diminué qu'il est impuissant à formuler sa souffrance, à s'exprimer, à communiquer aux autres ce qu'il ressent. Il est l'homme «en sourdine», «silencieux», qui garde le silence parce qu'il ne réussit pas à le briser. Le poème se termine symboliquement sur ce vers: «seulement les genoux seulement le ressaut pour dire». Pour dire quoi? Suit ce qui ressemble à des points de suspension qui étaient déjà présents avant les premiers mots du poème, pour bien indiquer que le poème n'a pas de vrai début ni de vraie fin, qu'il est lui aussi amputé, à l'image de l'homme qu'il décrit, qu'avant les premiers mots, «nous sommes» il y avait peut-être quelque chose qui a été perdu, et que la fin du poème est disparue ou n'a jamais été écrite. Nous avons un morceau de poème, une épave de poème, à l'image de l'homme québécois, morceau d'homme, épave humaine.

Que peut cet homme pour changer son destin? Rien. Seules s'ouvrent à lui deux échappatoires lui permettant d'oublier momentanément sa condition. La première, une révolte sporadique, individuelle, dérisoire par rapport aux forces oppressives, révolte sans lendemain, donc guère menaçante pour l'exploiteur, et qui ressemble aux spasmes de l'agonie. Cette révolte est celle de la parole, celle des jurons («la batèche» formée à partir du mot baptême), celle des protestations verbales enflammées, mais sans résultat, sans effet sur le réel («seulement le ressaut pour dire») si ce n'est de se libérer un instant du «feu» «aux tripes». La deuxième échappatoire est le rêve, la valeur-refuge de l'homme colonisé situé en dehors du temps et de l'histoire — l'homme québécois n'est-il pas assimilé à «la grimace de cro-magnon», homme préhistorique. Ce rêve se tourne vers deux univers, ceux de l'enfance et de la nature, associés aux notions sécurisantes de pureté originelle et de repli sur soi. Deux vers expriment la nature de ce rêve: «aux yeux d'angoisse travestie de confiance naïve / à la rétine d'eau pure dans la montagne natale». La présence de l'eau symbolise la pureté, et celle de la montagne qualifiée de natale, symbolise le lieu clos et protecteur du sein maternel. Cette échappatoire dans le rêve a comme conséquence ou comme cause, selon le point de vue, l'acceptation, la résignation à son sort qu'exprime de façon non équivoque le vers: «la vie en sourdine et qui aime sa complainte».

L'homme québécois apparaît donc un être en voie d'extinction, comme on dit d'une espèce animale qu'elle est menacée de disparition. Sa mort paraît inéluctable. C'est pourtant de cet homme déjà presque disparu que Miron se sent solidaire. S'il écrit en fin de poème «qui avez fait de moi», il n'en commence pas moins son poème par «nous sommes» où il affirme d'entrée de jeu son appartenance à la collectivité des sous-hommes — toute cette strophe associe le poète au sort de la collectivité. La première personne du singulier en fin de poème souligne que la conscience d'appartenir à une collectivité ne supprime pas pour autant le sentiment de solitude. Tel est bien d'ailleurs l'état dans lequel se trouve l'être colonisé prenant conscience de sa condition: il découvre que ses propres carences ont leur racine dans le groupe auquel il appartient, et qu'en conséquence leur solution ne pourra être que collective. Mais du même coup, il se heurte à l'aliénation de ses frères, si grande qu'elle ne leur permet pas de l'exprimer et de la communiquer à autrui. Aussi l'être colonisé est-il nombreux et solitaire à la fois, ce dont rendent compte les premières personnes du pluriel et du singulier. Par contre l'opposition existe, et très forte, entre le *nous* et le *vous,* le *vous* accusateur de la troisième strophe par lequel le poète prend à parti la «classe écran» des «grands hommes».

Dès lors se dégage la conception de l'écriture qui anime le poète, la fonction sociale qu'il assigne à la littérature: dire ce qui est, décrire sans fard l'existence de l'être colonisé qu'il connaît bien puisqu'il s'agit de la sienne. Mais en tant que poète travaillant avec des mots, une langue, il lui faut inventer une langue, un vocabulaire, une forme, qui traduisent au plan proprement formel l'enfer qu'est sa vie. Comment pourrait-il en effet utiliser la langue de l'autre pour traduire sa condition d'aliéné? Sa langue, ses mots, ses images devront être à sa ressemblance.

Pour y parvenir Miron a mis en œuvre plusieurs moyens. Le poème contient plusieurs images dont le dénominateur commun me semble une référence constante à la réalité la plus concrète, la plus prosaïque, précisément celle de l'homme colonisé. Il y a récupération d'objets. Un exemple: «au monde de la poignée de porte arrachée».

Une poignée de porte est bien la dernière chose que l'on s'attendrait à trouver dans un poème. Et pourtant Miron utilise avec bonheur cet objet prosaïque dans une expression évocatrice de l'étouffement de l'homme colonisé. Nous trouvons aussi dans le poème des expressions comme «brouillards de chagrin crus», «souche des misères», «feu de mangeoire aux tripes», «pris de gel et de lassitude», «rétine d'eau pure», «l'orée de l'air», «ligne de flottaison de la conscience», «sonnailles de vos entrailles», «coupe de vos privilèges». Miron fait exactement le contraire de ce que fait Nelligan. Tout l'art de ce dernier visait à «déconcrétiser» le réel, à l'élever au dessus du vulgaire. Chez Miron, comparaisons et métaphores ont presque toujours comme terme de comparaison un objet, une chose, éminemment concrets, appartenant à l'univers familier de l'homme québécois. Loin d'être un moyen d'évasion d'un réel insupportable, la poésie de Miron y prend racine et y ramène sans cesse.

Pour mieux communiquer au lecteur le déchirant et l'invivable de sa condition d'être colonisé, Miron s'attaque à ses habitudes de lecture, fondées notamment sur la connaissance de la syntaxe française. Tout lecteur s'attend à trouver des phrases construites selon une certaine structure, celle du sujet-verbe-complément. Miron s'emploie à tromper l'attente du lecteur, à provoquer chez lui une insécurité syntaxique. Miron écrit donc plusieurs phrases sans verbe actif, ou sans verbe du tout: «nous la tête un peu perdue», «ô nous pris de gel et d'extrême lassitude», «au monde la poignée de porte arrachée», «un feu de mangeoire aux tripes», «seulement les genoux», «seulement le ressaut». Il est certes possible de deviner le verbe escamoté, mais l'absence de verbe dans ces phrases provoque une indiscutable sensation de malaise. Aurait-il été possible au poète d'atteindre ce but si ses phrases avaient été plus respectueuses de la syntaxe française? J'en doute, car il y aurait eu contradiction flagrante entre les faits rapportés et la forme chargée de les transmettre. La souffrance de l'homme amputé, son incapacité de verbaliser et de communiquer son état de domination, doivent s'exprimer dans une langue elle-même réduite à l'essentiel, amputée du mot clé, le verbe.

La forme du poème est non moins intéressante. Il ne s'agit évidemment pas d'un poème à forme fixe et les vers libres marquent la volonté de donner au poème une forme qui n'est pas une forme reçue.

Le poème se présente en trois strophes de sept vers chacune, où les nombres impairs manifestent à nouveau le désir de ne pas obéir aux canons esthétiques, comme le fait déjà noté de n'offrir au lecteur qu'un morceau de poème. Enfin le septième vers de la troisième strophe (le dernier du poème) est détaché du vers précédent comme s'il formait une strophe en lui-même, un résumé de tout le poème, reprenant les idées de solitude, d'amputation et d'incapacité de verbaliser.

Mais sans doute la clé de la réussite formelle du poème, et la raison de son efficacité, tient à la composition des phrases, et notamment celle de la première strophe. Regardons-la de plus près. Le premier vers aligne à la suite du verbe quatre épithètes sans ponctuation, bloc indigeste, car chacune de ces épithètes est lourde de sens. Ce premier vers présente donc une structure syntaxique connue (sujet-verbe-attribut) avec la nuance que les quatre attributs n'en font qu'un par l'absence de ponctuation. Le deuxième vers offre une construction différente, celle d'un complément de lieu: «nous sommes» (...) dans les brouillards de chagrin crus». Le vers suivant constitue une troisième structure, celle de deux compléments de manière juxtaposés et pourtant de construction différente, l'un avec le nom, l'autre avec l'infinitif: «nous sommes (...) à la peine à piquer du nez dans la souche des misères». Le malaise est d'autant plus ressenti par le lecteur qu'une même préposition (à) introduit les deux compléments. Le quatrième vers surprend encore davantage, étant une apposition retardée au verbe «nous sommes», l'apposition suivant d'ordinaire immédiatement le mot ou le groupe de mots auquel elle se rapporte. Le vers suivant, le cinquième, laisse perplexe. A quoi se rattache-t-il? A quoi rattache le «et» placé en tête de vers? A deux choses. Le troisième vers a parlé du nez, le quatrième des tripes, le cinquième parle de la tête, et le sixième parlera des mains: ce sont là des parties du corps humain. Mais au-delà de cette liaison, de cet enchaînement dans la description physique de l'homme québécois, la conjonction «et» indique une liaison avec la construction verbale du premier vers («nous sommes»). Les quatre premiers vers s'ordonnent autour de la construction verbale du début. Le cinquième vers annonce une construction anaphorique qui se poursuivra au septième. Mais construction anaphorique d'un type spécial, car au lieu de reprendre en son entier le «nous sommes», le cinquième vers ne garde que le sujet («nous»), ce qui établit l'équivalence «nous sommes» / «nous la tête», où la construction verbale est remplacée par l'apposition: «nous la tête un peu perdue pour reprendre nos deux mains». Enfin le septième vers reprend le «nous» et y accole une apposition non pas nominale («nous la tête») mais participiale («ô nous pris de gel et d'extrême lassitude») où nous avons deux compléments du participe «pris», régis par une même construction («pris de»), unis par un «et» de coordination, et néanmoins de nature différente — gel et lassitude — construction osée en français. Comme on le voit, la syntaxe de la strophe est extrêmement laborieuse, comme le rythme, tout le contraire d'un rythme coulant, harmonieux, facile. Comment, à la lecture de cette strophe, ne pas percevoir le malaise syntaxique et comment ne pas sentir à travers lui le désarroi du «damned Canuck»?

La deuxième strophe évoquant la vie routinière de cet homme, la vie non vécue à laquelle il se résigne, est, comme il se doit, de construction plus facile. Notons cependant deux choses. Tout d'abord la présence, comme dans la première strophe, d'une construction anaphorique, «la vie», placée en tête des premier, deuxième et cinquième vers, dont le caractère répétitif traduit la monotonie et l'immuabilité de la situation. D'autre part, si au plan syntaxique la lecture de la strophe ne pose pas de difficultés, il n'en va pas de même du dernier vers qui semble non relié aux six premiers, à la manière d'un ablatif absolu latin, brisure syntaxique correspondant à l'image contenue dans ce septième vers. La dernière strophe ne présente rien de particulier au plan de la composition, si ce n'est le détachement du dernier vers dont j'ai déjà parlé, et la montée de l'émotion qui s'est emparée du poète et qui se manifeste par les impératifs à la deuxième personne du pluriel.

Gaston Miron a résolu à sa manière la difficulté de communiquer à son lecteur le tragique de la condition québécoise et le sentiment de solidarité qui l'unit à la collectivité québécoise, sentiment que l'on avait ressenti à la lecture de *Bonheur d'Occasion* de Gabrielle Roy, qui avait tourné à la pitié dans *Poussière sur la ville,* avant de virer carrément au mépris dans *le Libraire.* L'œuvre de Miron unit le sens de l'appartenance à la collectivité québécoise et l'invention d'une forme capable de rendre sensible le malaise de l'être colonisé, voie que suivront aussi les œuvres de Jacques Ferron et d'Hubert Aquin.

Gaston Miron (né en 1928)

Œuvres de Gaston Miron

L'Homme rapaillé, Montréal, les Presses de l'Université de Montréal, 1970, 171 p.

Courtes pointes, Ottawa, Editions de l'Université d'Ottawa, Département des Lettres Françaises, coll. «Textes», 1975, 53 p.

Etudes sur Gaston Miron
Ouvrages

En collaboration, *Document Miron,* Montréal, La Barre du Jour (no 26), octobre 1970, 50 p.

Articles et chapitres d'ouvrages

Bolduc, Yves, «Lecture des premiers poèmes de Gaston Miron», dans *Co-Incidences,* vol. IV, no 1, janvier-février 1974. pp. 5-22.

Bonenfant, Joseph, «L'ombre de Mallarmé sur la poésie de Saint-Denys Garneau et de Miron», dans *Voix et images du pays VI,* Montréal, les Presses de l'Université du Québec, 1973, pp. 51-63.

Bonenfant, Pierre, «Théorie des générateurs de Jean Ricardou — essai d'application au poème *les Siècles de l'hiver* de Gaston Miron», dans *La Barre du jour,* nos 39-40-41, printemps-été 1973, pp. 26-35.

Brault, Jacques, «Miron le magnifique», dans *Littérature canadienne-française,* Montréal, les Presses de l'Université de Montréal, «Conférences J.-A. de Sève, 1-10», 1969, pp. 143-180.

Ethier-Blais, Jean, «L'Hexagone, Miron's Band», dans *Signet II,* Montréal, Cercle du livre de France, 1967, pp. 175-184.

Fabi, Thérèse, «Miron, le libérateur. Etude lexicale de trois poèmes de *La Vie agonique*», dans *L'Action nationale,* vol. LXIV, no 2, octobre 1974, pp. 179-192.

Grandpré, Pierre de, «Gaston Miron», dans *Histoire de la littérature française du Québec,* t. 3, Montréal, Beauchemin, 1969, pp. 189-202.

Major, Jean-Louis, «L'Hexagone: une aventure en poésie québécoise», dans *La Poésie canadienne-française,* Montréal, Fides, «Archives des lettres canadiennes-françaises», t. 4, 1969, pp. 175-203.

Marcotte, Gilles, «Gaston Miron», dans *Le temps des poètes,* Montréal, H.M.H., 1969, pp. 179-184.

Pélosse, Cécile, «*L'Homme rapaillé* de Gaston Miron» dans *Livres et auteurs québécois 1970,* Montréal, Jumonville, pp. 102-118.

Vachon, G.-André, «Gaston Miron ou l'invention de la substance», dans *L'Homme rapaillé,* Montréal, les Presses de l'Université de Montréal, 1970, pp. 133-149.

Mourez maintenant,
payez plus tard!
Papa Boss de Jacques Ferron

Mourez maintenant, payez plus tard!
Papa Boss de Jacques Ferron

L'œuvre de Jacques Ferron s'enracine profondément dans la réalité québécoise. Depuis 1948, date à laquelle il a commencé la rédaction de ses premiers contes, il n'a cessé de s'intéresser à travers ses personnages de romans, de contes, de pièces de théâtre, ainsi que dans des centaines d'articles et de lettres aux journaux, à la condition québécoise passée, présente et future. Encore peu connu jusqu'à il y a quelques années, malgré l'importance et la dimension de son œuvre — les exemples sont peu nombreux chez nous d'écrivains poursuivant assidûment leur tâche pendant plus de vingt-cinq ans —, il a désormais trouvé sa place au rang des écrivains les plus représentatifs de la littérature québécoise contemporaine. Plus qu'aucun autre peut-être, il a été attentif à l'évolution de notre société pendant le dernier quart de siècle, prenant parti sur tout, rompant des lances plus souvent qu'à son tour.

Une crainte semble parcourir sa production des dix dernières années: celle que notre société, entraînée dans la course folle de la civilisation nord-américaine, perde irrémédiablement contact avec ses origines. Dans un de ses contes, il compare la banlieue montréalaise à une ceinture mouvante qui, faute d'avoir été humanisée par des générations d'hommes qui y auraient vécu et y auraient été enterrés, risque à la moindre tempête d'être engloutie, ne pouvant se retenir en place grâce à ces ancres que sont les cimetières. S'il est un grand thème autour duquel son œuvre s'est construite, c'est bien celui de l'identité perdue et retrouvée grâce notamment à l'exercice de la mémoire qui permet à l'individu comme à toute la société, après avoir déterminé son point de départ, son point d'origine, de mesurer la route parcourue, de s'orienter, pour ensuite déterminer dans quelle direction devra se construire l'avenir. Tous les personnages ferronniens se situent par rapport à cette notion fondamentale de l'identité: il y a ceux qui ont irrémédiablement perdu conscience de qui ils sont, ceux qui sont encore récupérables, ceux qui réussissent à la suite d'aventures initiatiques à reconquérir leur identité oubliée et à se sauver, ceux enfin qui la perdent.

Papa Boss, roman paru en 1966 et repris en 1972 dans une version corrigée, marque la victoire des forces du mal. Nous y rencontrons une jeune femme, dont le mari vient de mourir, écouter l'Ange de Papa Boss, nouveau dieu de la société de consommation, lui faire le récit des événements de la journée et de toute sa vie, et lui annoncer, dans une allégorie de l'Annonciation de l'archange Gabriel à Marie, qu'elle enfantera bientôt d'un fils, Emmanuel, prototype de la nouvelle génération. Dans l'extrait que je vais étudier — repris intact dans la version de 1972 — l'ange de Papa Boss console l'épouse dont le mari vient de mourir. A travers l'apologie du système dont il est le représentant, se découvre le plus sévère réquisitoire que je connaisse contre notre société de consommation.

Papa Boss[1]

    — *Je vous excuse, Madame, de pleurer. Pourtant je vous ferai remarquer que votre mari n'est pas mort pour rien: de son dernier souffle il a éteint sa dette. Un homme qui vivait pour gagner sa vie, qui la gagnait, qui gagnait la vôtre, et qui la gagnait aussi pour vivre, pour consommer, pour que vous viviez, pour que vous consommiez.*

    — *Oh, moi, si peu!*

    — *Quand même au bout de la semaine il ne restait rien et tout était à recommencer: c'est ça, la vie, Madame! C'est beau, la vie, Madame! La vie d'un parfait citoyen parfaitement intégré dans le plus parfait des systèmes économiques! La vie sans trève et sans répit, les nuits rongées d'électricité, time is money, stuggle for life! La vie qui épuise son homme, la vie*

---

1 Jacques Ferron, *Papa Boss*, Editions Parti pris, 1966, pp. 133-135.

qui lui fait rendre l'âme, la vie sanctifiante, la vie crucifiante,
voilà ce qui s'appelle vivre! Voilà l'héroïsme des temps
modernes! Si votre mari a tant vécu qu'il en est mort, c'est
qu'il était un héros, un grand héros car il nous a payé
beaucoup d'intérêts. Il avait des besoins impérieux; ces
besoins, nous lui avons permis de les satisfaire. «Vivez dès
maintenant, vous règlerez la note ensuite», c'est la devise de la
Maison Asshold Finance. Et nous ajoutons: «Vivez, n'y
pensez plus. A chaque jour suffit sa peine. Le lendemain on
recommence et la stimulation augmente. C'est à vivre qu'on
vit davantage.» Is it not ounnedeurfoule, Madame? Bientôt
les nuits sont de trop, les néons brillent comme le soleil!
Bientôt les dimanches apparaissent comme des hoquets dans
la respiration de la semaine! Votre mari de plus en plus pris,
de plus en plus tendu, de plus en plus inquiet, de plus en plus
hagard: il vivait de plus en plus avec l'impression de vivre de
moins en moins; l'idéal de la consommation s'était emparé de
lui. Sa vie virait à la fringale; c'est ainsi qu'il en est arrivé à
l'insatisfaction suprême, amen. Oui, Madame, votre mari
était un héros. C'est pourquoi dans la rue son nom volait sur
toutes les lèvres. Il s'en est fait une renommée pour
aujourd'hui! Une renommée bien méritée, c'est moi qui vous
le dis.

Ce passage est l'oraison funèbre du mari que prononce l'Ange
de Papa Boss. Cet éloge du mari mort au service de la consommation
est à la vérité un éloge du système régissant la vie contemporaine et
dont Papa Boss est le dieu. Quelle est la nature de ce système? Le mot
«système» révèle déjà qu'il s'agit d'un ensemble structuré assignant une
fonction désignée aux choses et aux individus. Ainsi en était-il du
défunt que l'Ange de Papa Boss célèbre comme le héros des temps
modernes. Le mort n'est désigné que par son titre social, tantôt
comme étant «votre mari», tantôt comme «un parfait citoyen
parfaitement intégré dans le plus parfait des systèmes économiques.»
Comme sa concubine, cet homme demeure dans l'anonymat de sa
fonction sociale, n'ayant pas droit à un nom qui lui reconnaîtrait une
individualité propre. En fait il n'a pas existé en tant que personne
humaine, n'a pas eu droit à une existence individuelle. Il n'existait

qu'en tant que membre d'une collectivité, qu'en tant que rouage dans le système de Papa Boss.

Ce système est au premier chef un système économique, système que l'Ange désigne même comme «le plus parfait des systèmes économiques.» L'argent constitue le cœur du système, comme si toutes les activités de la vie s'y rapportaient. Le vocabulaire de l'argent est de loin le plus développé du texte. L'homme qui vient de mourir vivait «pour gagner sa vie», et il gagnait sa vie pour vivre, pour consommer. Il est mort après avoir payé «beaucoup d'intérêts» à la «Maison Asshold Finance». Aussi sa mort est-elle un grand moment puisque «de son dernier souffle il a éteint sa dette» et réglé sa «note». Toute sa vie s'est donc déroulée sous le signe de l'argent comme si le temps humain, l'existence humaine, étaient régis par le slogan par excellence du système de Papa Boss: «time is money».

Ce système est par ailleurs associé à un groupe ethnique précis, les Anglais. La raison sociale anglaise de la maison dont le défunt était le débiteur, «la Maison Asshold Finance» — déformation de Household Finance (HFC) — ne laisse pas de doute sur l'origine ethnique de Papa Boss et de ses sbires. L'Ange de Papa Boss utilise dans son oraison funèbre-apologie du système plusieurs expressions anglaises — «time is money», «struggle for life», «Is it not ounnedeurfoule» (wonderful) — qui dénotent l'influence anglo-américaine sur le système économique, sur la vie des individus et sur le récit, qui est la relation de l'existence des individus.

L'omniprésence de ce système économique et anglais se traduit par la présence dans le texte de nombreux aphorismes et formules toute faites, à l'image de la pensée toute faite, structurée une fois pour toutes, impersonnelle et universelle, du système économique de Papa Boss. Puisqu'il y a système, et que l'homme y est parfaitement intégré, il est normal que ce système se manifeste par des aphorismes qui le définissent tant au niveau de leur contenu qu'à celui de la forme stéréotypée. Les formules toute faites, banales et creuses, parce que répétées à l'envie, emprisonnent la vie du citoyen dans des règles fixées en des phrases devises qui veulent tout dire et ne disent rien tout à la fois, calquées sur les slogans publicitaires, armature de notre société de consommation, et dont la devise de la «Maison

Asshold Finance» offre un bel exemple: «Vivez dès maintenant, vous règlerez la note ensuite». Le texte est rempli de ces phrases réclames qui, à la manière d'un lavage de cerveau, assaillent l'esprit des citoyens: «Vivez, n'y pensez plus»; «A chaque jour suffit sa peine»; «C'est à vivre qu'on vit davantage»; «time is money»; «struggle for life»; «Is it not ounnedeurfoule». A ces phrases réclames s'ajoutent des formules toute faites, des expressions clichés, tout ce qu'il y a de plus usé: «vivre pour gagner sa vie», «gagner sa vie pour vivre», «c'est ça la vie», «c'est beau la vie», «voilà ce qui s'appelle vivre». Toutes ces phrases et expressions fixant une fois pour toutes la pensée officielle témoignent de la puissance du système qui s'est introduit dans les plus petits recoins de la vie des citoyens et qui stérilise à la base la pensée et la réflexion individuelles. Désormais l'individu ne cherche plus à se définir personnellement par rapport au monde qui l'entoure en fonction de ce qu'il est lui et de ses aspirations propres, mais cherche à penser ce que tout le monde pense et à s'intégrer le plus parfaitement possible au système, sans se douter que pareille intégration est à l'avantage du système et non à celui de l'individu.

C'est aussi sans doute la raison pour laquelle tout le roman est une allégorie de l'Annonciation où l'Archange Gabriel annonce à la Vierge Marie qu'elle enfantera du Fils de Dieu. Si Ferron utilise une image religieuse pour décrire l'avènement prochain du règne de Papa Boss, c'est pour bien montrer la puissance de mimétisme de la religion nouvelle des temps modernes, religion de la consommation, qui se coule dans les moules existants en en changeant la signification (bien que cette allégorie formule aussi une critique de la collusion des pouvoirs économiques et religieux). Le procédé est le même dans l'utilisation d'aphorismes et de formules toute faites que dans l'allégorie de l'Annonciation: couler une pensée neuve à l'intérieur de cadres anciens. La nouvelle Annonciation, celle du règne de Papa Boss, ressemble à l'ancienne: l'Ange de Papa Boss apparaît à une femme et lui annonce qu'elle enfantera le Fils de Papa Boss, Emmanuel de la prochaine génération d'hommes. De même, le mari qui vient de mourir, nouveau Christ mort au Golgotha de la consommation, a vécu une vie «sanctifiante», une vie «crucifiante». L'éloge funèbre prononcé par l'Ange de Papa Boss emprunte les formules et le ton des offices religieux: «c'est ainsi qu'il en est arrivé à l'insatisfaction suprême, amen.»

Ce système économique vise à amener les «citoyens» à consommer toujours davantage. Il propose «l'idéal de la consommation». Le sens de ce mot est révélateur en soi: «consommation: action de faire des choses un usage qui les détruit ou les rend ensuite inutilisables». La consommation est donc porteuse de mort et celle du mari était dans l'ordre des choses. L'Ange de Papa Boss ne s'en cache d'ailleurs pas: «Quand même au bout de la semaine il ne restait rien et tout était à recommencer». Tout est toujours à recommencer en sorte que rien ne demeure si ce n'est la nécessité de consommer toujours davantage, idéal que le défunt a atteint jusqu'à y laisser sa vie, héros des temps modernes: «Un homme qui vivait pour gagner sa vie, qui la gagnait, qui gagnait la vôtre, et qui la gagnait aussi pour vivre, pour que vous viviez, pour que vous consommiez.» La composition de cette dernière phrase où le mot clé apparaît le dernier («consommiez») révèle que l'organisation du système tend vers ce but unique aux dépens de tout le reste.

Ce but à atteindre, même au prix de sa vie, et l'intensité de cette quête donnent à la société de consommation ses lettres de noblesse. Mais, au-delà des apparences quasi religieuses de cet «héroïsme des temps modernes», il n'y a que le vide, au-delà du mouvement, il n'y a rien, comme si tout était orchestré pour organiser un mouvement perpétuel dont l'unique bénéficiaire est Papa Boss, ce que n'a pas le temps de comprendre le «citoyen» dont toutes les énergies sont tendues vers l'accélération sans cesse croissante du mouvement de consommation et dont la mort apparaît comme la griserie suprême: «Le lendemain on recommence et la stimulation augmente». Sans cesse l'objet de nouvelles stimulations, l'individu s'agite dans un stérile cercle vicieux le ramenant continuellement au point de départ, sans que sa vie s'inscrive dans un itinéraire qui, partant d'un point donné, l'amène à un point d'arrivée différent du point de départ. Sa vie «sans trève et sans répit» ne lui permet plus de distinguer le jour de la nuit, les dimanches et les fins de semaine du reste de la semaine. Sans ces divisions temporelles, le temps devient pour lui unique, absurde, et rien ne s'oppose à son accélération insensée: «C'est à vivre qu'on vit davantage.» Le mouvement n'a d'autre fin que lui-même. La vie vire «à la fringale», mais la fringale n'a d'autre raison qu'elle même. Animal en cage qui court dans une roue sans fin, l'homme a l'illusion de vivre intensément alors qu'il fait un sur-place mortel.

Le vocabulaire de l'Ange de Papa Boss contient un grand nombre de mots ou d'expressions véhiculant cette idée d'intensité, d'absolu, de «fringale», qui s'était emparé du mort. S'il était devenu «un parfait citoyen parfaitement intégré dans le plus parfait des systèmes économiques», c'est que sa vie «sans trêve et sans répit» obéissait au mot d'ordre de la Maison Asshold Finance: «Vivez dès maintenant», «Vivez, n'y pensez plus», «C'est à vivre qu'on vit davantage». Résultat: à la fin de chaque semaine «il ne restait rien et tout était à recommencer». Une phrase dont la construction évoque le rythme infernal de la vie du défunt résume tout cela: «Votre mari de plus en plus pris, de plus en plus tendu, de plus en plus inquiet, de plus en plus hagard: il vivait de plus en plus avec l'impression de vivre de moins en moins.»

Prisonnier de ce système hermétique, l'homme ne s'appartient plus, dominé au point que la vie n'est jamais sa vie mais un phénomène extérieur à lui-même, déterminant ses gestes et son comportement. La phrase «Un homme qui vivait pour gagner sa vie» illustre l'état d'esclavage de l'homme par rapport à la vie. Cette vie «qui lui fait rendre l'âme» entretient avec lui des rapports d'exploiteur à exploité: dans l'expression «la vie qui épuise son homme», la vie est le sujet de la phrase comme celle qui commande dans les faits à sa chose, sa possession, «son homme», où le possessif doit être pris ici dans son sens le plus fort. Même phénomène dans des phrases comme «l'idéal de la consommation s'était emparé de lui» et «sa vie virait à la fringale», où l'homme apparaît conquis, marionnette manipulée par des forces supérieures. La vie qui s'est retirée de l'homme est passée dans des choses ou des objets complices du système de Papa Boss. Les nuits sont «rongées d'électricité», les dimanches sont «des hoquets dans la respiration de la semaine», et les besoins qui aiguillonnent l'homme sont qualifiés d'«impérieux» parce qu'ils ne laissent pas à l'homme le choix de ne pas les satisfaire.

Cet homme n'est que souffrance, le lieu d'une guerre entre des besoins sans cesse renouvelés et leur satisfaction toujours éphémère. Le vocabulaire de la guerre, de la défaite et de la souffrance, est important dans le texte. Même si l'Ange parle du défunt comme «d'un grand héros», de sa vie comme étant l'exemple de «l'héroïsme des temps modernes», et qu'il affirme que la renommée qu'il a acquise en mourant «est bien méritée», cet homme a livré une bataille perdue d'avance, organisée en coulisse par la maison à la raison sociale évocatrice «Asshold Finance.» Sa vie n'a été qu'un long «struggle for life» «sans trève et sans répit», qui l'a rongé, épuisé, crucifié quotidiennement, qui l'a transformé en homme pris, inquiet, tendu, hagard, avant de lui faire rendre l'âme dans les hoquets de l'agonie, victime de «besoins impérieux» et de l'idéal de la consommation.

La domination de l'homme par la Maison Asshold Finance représentante de Papa Boss, qui suscite chez lui le cercle vicieux des besoins à satisfaire, est particulièrement bien illutrée par l'utilisation des personnes grammaticales. Seul l'Ange de Papa Boss a droit à la première personne du singulier, le *je,* ou à la première personne du pluriel (ce qui revient au même) lorsqu'il parle en tant que représentant de la Maison Asshold Finance («il nous a payé beaucoup d'intérêts»). Si l'Ange s'exprime par le *je,* c'est qu'il est seul à avoir une identité propre, l'homme et la femme l'ayant depuis longtemps perdue et conséquemment ne sortant pas de leur anonymat. Cette première personne lui reconnaît sa puissance, tant comme représentant de Papa Boss, que dans le récit dont il est l'unique narrateur. Tout le roman se présente comme le récit fait par l'Ange à la femme. Or, ce récit est la relation des faits qui viennent de se passer — les événements de ce samedi matin où est mort le concubin — aussi bien que de toute la vie de la femme, réduite au rôle de destinatrice du récit qu'elle écoute en silence sans participer à son élaboration. Elle est dans la situation de quelqu'un qui écouterait une autre personne lui raconter sa propre vie mieux qu'il ne pourrait le faire lui-même. L'état de dépendance de la femme est total par rapport à l'Ange. On comprend alors qu'elle soit désignée par la deuxième personne du pluriel, le *vous,* qui est la personne par laquelle on s'adresse à quelqu'un en désirant bien marquer la différence entre le locuteur et l'auditeur. Le *vous* utilisé par l'Ange pour s'adresser à la femme est éminemment dominateur. Enfin, la désignation du mari par la troisième personne du singulier, le *il,* ne laisse aucun doute sur sa situation de dominé: il est celui dont on parle sans qu'il n'ait rien à dire. L'Ange fait le récit de sa mort à sa femme et le défunt est exclu de l'organisation du récit comme il n'avait pas la maîtrise de sa vie.

Voilà comment est décrit «le plus parfait des systèmes économiques» à travers le discours de l'Ange de Papa Boss. Mais ce texte ne vaut pas simplement comme description de ce qui est fondement de notre société de consommation. Il vaut même surtout par la contestation de ce système faite selon une méthode bien ferronnienne, celle de l'antiphrase. Car enfin tout le texte dit le contraire de ce qu'il semble dire, l'apologie du règne de Papa Boss se muant en un féroce réquisitoire contre une organisation sociale dont l'unique but est la consommation.

Pour arriver à ses fins, Ferron a utilisé plusieurs procédés que nous allons maintenant analyser. Le plus frappant consiste à décrire l'idéal de la consommation et l'héroïsme des temps modernes, qui sont aux yeux de l'auteur des perversions de l'idéal et de l'héroïsme véritables, à l'aide d'un vocabulaire et de constructions relevés. Pour mieux dénoncer «le plus parfait des systèmes économiques», l'auteur fait prononcer à l'Ange une apologie tellement exagérée qu'elle en devient ridicule. Tout au long du passage nous sommes saisis par le contraste entre les formules utilisées par l'Ange, qui confinent au plaidoyer dithyrambique, et la réalité abjecte qu'il décrit, l'exploitation organisée de l'homme dans la société de consommation. Des exemples aideront à comprendre le procédé en soi très simple. L'Ange parle du défunt comme d'un «grand héros» qui, par sa mort pour l'idéal de la consommation, a acquis «une renommée bien méritée». En vérité, la réalité et la description que l'Ange en donne sont en complète opposition. Loin d'être un héros, le défunt a été une proie pour les maisons de prêts usuraires comme la Asshold Finance. La construction des phrases dans lesquelles l'Ange décrit la montée du défunt vers l'héroïsme évoquent au contraire sa progressive descente aux enfers. Prenons celle-ci: «La vie d'un parfait citoyen parfaitement intégré dans le plus parfait des systèmes» où les trois «parfaits» et la construction de la phrase donnent l'illusion de la montée dans la perfection alors que le résultat concret est une régression pour l'individu de plus en plus prisonnier d'un système qui le gruge. Même chose dans la phrase suivante: «Votre mari de plus en plus pris, de plus en plus tendu, de plus en plus inquiet, de plus en plus hagard: il vivait de plus en plus avec l'impression de vivre de moins en moins;

l'idéal de la consommation s'était emparé de lui». La progression apparente au niveau de la forme (les cinq «de plus en plus») dissimule la réalité («de moins en moins»). Et que penser des phrases contradictoires, à l'image du renversement des valeurs qu'occasionne l'avènement de la société de consommation: «il n'est pas mort pour rien: de son dernier souffle il a éteint sa dette», où est énoncé le contraire du bon sens: éteindre sa dette est-il une raison suffisante pour mourir? Ou encore celle-ci: «c'est ainsi qu'il en est arrivé à l'insatisfaction suprême, amen», où il y a opposition entre le substantif (insatisfaction) et l'épithète (suprême). Et cette dernière: «Il vivait pour gagner sa vie» comme si gagner sa vie était une raison de vivre.

A ces constructions où la forme est en directe opposition avec le contenu, s'ajoutent aussi d'autres procédés très simples — utilisation systématique des formules exclamatrices, des répétitions, des démonstratifs — qui donnent à ce passage une dimension émotive très grande visant un double but: opposer au ton enthousiaste de l'Ange la réalité abjecte qu'est la vie d'«un parfait citoyen, parfaitement intégré dans le plus parfait des systèmes», et conférer au texte un rythme haletant, endiablé, de plus en plus accéléré, évoquant le rythme insoutenable de la vie moderne. Le texte est une suite ininterrompue de phrases exclamatives qui, dans l'optique de l'Ange de Papa Boss expriment la perfection du système dont il est le représentant et, dans celle de l'auteur, rendent encore plus saisissant le contraste entre forme et contenu. Le caractère exclamatif de ces phrases est en outre amplifié par l'utilisation systématique des démonstratifs à valeur admirative: «c'est ça, la vie, Madame! C'est beau, la vie, Madame!»; «voilà ce qui s'appelle vivre! Voilà l'héroïsme des temps modernes!»; «C'est qu'il était un héros»; «C'est à vivre qu'on vit davantage»; «Is it not ounnedeurfoule, Madame?»; «C'est ainsi qu'il en est arrivé à l'insatisfaction suprême, amen.» Exclamatives et démonstratifs joints donnent à l'oraison funèbre un ton oratoire, apologétique, qui, par son caractère excessif, la dénonce.

La répétition, autre procédé oratoire utilisé tout au long du texte, produit un effet d'accumulation qui, couplée aux exclamatives et aux démonstratifs, finit, par la démesure qu'elle entraîne, par retourner contre le système les louanges dont il est l'objet, tout en créant un rythme de plus en plus rapide, où l'on perd son souffle comme l'a perdu le malheureux qui vient de mourir. Répétition du verbe: «Vivez dès maintenant. Vivez, n'y pensez plus.»; «Un homme qui vivait pour gagner sa vie, qui la gagnait, qui gagnait la vôtre, et qui la gagnait aussi pour vivre, pour consommer, pour que vous viviez, pour que vous consommiez.» Répétition du substantif: «c'est ça, la vie, Madame! C'est beau, la vie, Madame! La vie d'un parfait citoyen (...) La vie sans trêve et sans répit, (...) La vie qui épuise son homme, la vie qui lui fait rendre l'âme, la vie sanctifiante, la vie crucifiante»; «C'est qu'il était un héros, un grand héros»; «Il avait des besoins impérieux; ces besoins (...) »; «Il s'en est fait une renommée pour aujourd'hui! Une renommée bien méritée». Répétition des épithètes: «un parfait citoyen parfaitement intégré dans le plus parfait des systèmes». Répétition des adverbes: «sans trêve et sans répit»; «Bientôt les nuits (...) Bientôt les dimanches»; sans oublier les cinq «de plus en plus» précédemment cités. La répétition, procédé naturel dans la bouche de l'Ange, comme d'ailleurs les tournures exclamatives et les démonstratifs, rappellent le langage de la publicité confinant au lavage de cerveau et qui arrive à faire croire aux gens les faussetés les plus énormes sans provoquer chez eux de réactions. Celle à qui s'adresse l'Ange ne l'interrompt en aucune occasion et, à la fin de son envolée, continuera de garder le silence en signe de soumission. Si réaction il y a, elle est extérieure au roman, étant celle du lecteur.

Tous ces procédés (auxquels il faudrait aussi ajouter les articles définis à valeur d'excellence et d'emphase du type «la vie») conduisent à parler de l'idéal de la consommation dans les mêmes termes et le même ton que de véritables idéaux. L'auteur a fait le pari que l'idéal de la consommation, à ses yeux une monstruosité, ne souffrirait pas la comparaison aux yeux du lecteur qu'il souhaite différent de celle qui écoute religieusement les inepties que lui débite l'Ange. La composition de cette page vise à provoquer le lecteur, à le tirer de l'inconscience dans laquelle la vie moderne a pu le faire sombrer à l'instar de l'auditrice silencieuse de l'Ange. Car nul doute n'est possible. Le texte décrit une réalité que nous connaissons bien, notre société de consommation. Et le risque que «le plus parfait des systèmes économiques» nous fait courir est, pour l'auteur, de nous soustraire toute capacité de jugement et d'orientation et de nous faire mener une vie complètement absurde, en accord avec l'évangile de Papa Boss. C'est sans doute la signification de la disparition de la nuit dans la vie du défunt, emporté par la poursuite de l'idéal de la consommation: «Bientôt les nuits sont de trop, les néons brillent comme le soleil! Bientôt les dimanches apparaissent comme des hoquets dans la respiration de la semaine!» La nuit primitive, temps sacré où l'homme peut se remettre à jour, a cédé la place à la nuit artificielle des villes, «nuits rongées d'électricité». Tout dualisme disparu, le monde devient uniforme, unanime, sans couleur, sans odeur, sans saveur. C'est pourquoi le texte est au présent, sauf pour relater la vie du malheureux qui vient de mourir, le présent, temps papabossien par excellence, temps uniforme, infini, comme la routine et le mouvement perpétuel, le temps présent qui occupe tout l'espace temporel évacué par le passé et le futur: «Vivez, n'y pensez plus. A chaque jour suffit sa peine.» L'espace temporel est alors fractionné en petits blocs non reliés que sont les jours, sans que l'homme puisse imposer un enchaînement au discontinu, repassant chaque jour, sans jamais le reconnaître, par le chemin qu'il a suivi la veille.

Jacques Ferron (né en 1921)

Œuvres de Jacques Ferron

I *Théâtre*

L'Ogre, pièce en quatre actes, Montréal, Cahiers de la file indienne, 1949, 83 p.

Le Licou, pièce en un acte, Montréal, Editions d'Orphée, 1951 et 1958, 40 p.

Le Dodu ou le prix du bonheur, pièce en un acte, Montréal, Editions d'Orphée, 1956, 91 p.

Tante Elise ou le prix de l'amour, pièce en un acte, Montréal, Editions d'Orphée, 1956, 103 p.

Le Cheval de Don Juan, pièce en trois actes, Montréal, Editions d'Orphée, 1957, 221 p.

Les Grands Soleils, pièce en trois actes, Montréal, Editions d'Orphée, 1958, 181 p.

L'Américaine, pièce en un acte, in *Situations,* vol. I, no 7, Montréal, 1959, pp. 15-28.

Cazou ou le prix de la virginité, pièce en un acte, Montréal, Editions d'Orphée, 1963, 92 p.

La Tête du roi, pièce en quatre actes, Montréal, Cahiers de l'A.G.U.M., no 10, 1963, 93 p.

La Sortie (supplément à *Tante Elise*), pièce en un acte, in *Ecrits du Canada français,* no 19, 1965, pp. 11-147.

La Mort de Monsieur Borduas, pièce en un acte, in *Les Herbes Rouges,* no 1, 1968, pp. 3-8.

Théâtre I, Montréal, Librairie Déom, 1968, 229 p.
Comprend:
    Les Grands Soleils, nouvelle version en deux actes du texte de 1958.

Le Don Juan chrétien, nouvelle version du *Cheval de Don Juan.*

Tante Elise ou le prix de l'amour, nouvelle version du texte de 1956.

Le Cœur d'une mère, pièce en un acte, in *Ecrits du Canada français,* no 25, 1969, pp. 57-94.

Théâtre II, Montréal, Librairie Déom, 1975, 192 p.
Comprend:
   La Tête du roi, Le Dodu ou le prix du bonheur,
   La Mort de Monsieur Borduas, Le Permis de dramaturge,
   L'Impromptu des deux chiens.

II   *Contes, Romans, Récits*

La Barbe de François Hertel, sotie, Montréal, Editions d'Orphée, 1951, 40 p. et à la suite de *Cotnoir,* Editions du Jour, 1970.

Contes du pays incertain, Montréal, Editions d'Orphée, 1962, 200 p.

Cotnoir, récit, Montréal, Editions d'Orphée, 1962, 99 p.

Contes anglais et autres, Montréal, Editions d'Orphée, 1964, 153 p.

La Nuit, roman, Montréal, Editions Parti pris, «Paroles», no 4, 1965, 134 p.

Papa Boss, roman, Montréal, Editions Parti pris, «Paroles», no 8, 1966, 142 p.

Contes, édition intégrale des *Contes du pays incertain,* des *Contes anglais et autres,* augmentée de quatre contes inédits. Montréal, Editions H.M.H., «L'arbre», 1968, 210 p.

La Charrette, roman, Montréal, Éditions H.M.H., «L'arbre», no 14 1968, 207 p.

Le Ciel de Québec, roman, Montréal, Editions du Jour, «Romanciers du jour», no R-51, 1969, 404 p.

Historiettes, Montréal, Editions du Jour, «Romanciers du jour», no R-43, 1969, 182 p.

Cotnoir, récit, suivi de *La Barbe de François Hertel,* sotie, nouvelle édition des textes parus en 1962 et 1951.
   Montréal, Editions du Jour, «Romanciers du jour», no R-57, 1970, 127 p.

Le Salut de l'Irlande, roman, Montréal, Editions du Jour, «Romanciers du jour», no R-69, 1970, 222 p.

L'Américaine, récit, Montréal, Editions du Jour, «Romanciers du jour», no R-56, 1970, 163 p.

Les Roses sauvages, petit roman, suivi d'*Une lettre d'amour soigneusement présentée,* Montréal, Editions du Jour, no R-75, 1971, 177 p.

La Chaise du maréchal ferrant, roman, Montréal, Editions du Jour, «Romanciers du jour», no R-80, 1972, 224 p.

Le Saint-Elias, roman, Montréal, Editions du Jour, «Romanciers du jour», no R-85, 1972, 186 p.

Les Confitures de coings et autres textes, Montréal, Editions Parti pris, «Paroles», no 21, 1972, 326 p.
Comprend:

Papa Boss, version corrigée et refondue.

Les Confitures de coings, version entièrement nouvelle de *La Nuit.*

La Créance.

Appendice aux Confitures de coings ou *Le Congédiement de Frank Archibald Campbell.*

Du fond de mon arrière-cuisine, Montréal, Editions du Jour, 1973, 290 p.

Escarmouches, sous-titre «La longue passe», tomes 1 et 2, Montréal Leméac, «Indépendances», 1975, 391 et 227 p.

Etudes sur Jacques Ferron
Ouvrages

Boucher, Jean-Pierre, *Jacques Ferron au pays des amélanchiers,* Montréal, les Presses de l'Université de Montréal, «Lignes québécoises», 1973, 116 p.

Les«Contes» de Jacques Ferron, Montréal, l'Aurore, 1974, 150 p.

Marcel, Jean, *Jacques Ferron malgré lui,* Montréal, Editions du Jour, «Littérature du jour», 1970, 221 p.

Roussan, Jacques de, *Jacques Ferron,* Montréal, les Presses de l'Université du Québec, «Studio», 1971, 96 p.

Taschereau, Yves, *La Médecine dans l'œuvre de Jacques Ferron,* Montréal, l'Aurore, 1975, 123 p.

Articles et chapitres d'ouvrages

Boucher, Jean-Pierre, «Une analyse de *la Barbe de François Hertel* de Jacques Ferron», dans *Voix et images du pays IX,* Montréal, les Presses de l'Université du Québec, 1975, pp. 163-180.

De Grandpré, Pierre, *Dix ans de vie littéraire au Canada français,* Montréal, Beauchemin, 1966: «Le pays incertain du fantastique et de l'humour» et «Style et fantaisie», (pp. 172-179 et 209-213).

Déry, Daniel, «Le bestiaire dans *Papa Boss,* in *L'Action nationale,* LIX, no 10, juin 1970, pp. 990-1006.

Dubois, Danielle, «En quête de Ferron», *Voix et images du pays VI,* Montréal, les Presses de l'Université du Québec, 1973, pp. 111-121.

En collaboration: «Sur Ferron» dans *Brèches 1,* printemps 1973, pp. 7-57.

En collaboration: «Jacques Ferron», numéro spécial d'*Etudes françaises,* vol. 12, nos 3-4, octobre 1976, Montréal, les Presses de l'Université de Montréal.

Laroche, Maximilien, «L'imitation originale dans *Le Petit chaperon rouge* de Jacques Ferron», in *L'Action nationale,* vol. LIX, no 7, mars 1970, pp. 679-683.

«Neveurmagne» in *L'Action nationale,* vol. LXI, no 6, février 1972, pp. 503-511.

«Nouvelles notes sur *Le Petit chaperon rouge* de Jacques Ferron», in *Voix et images du pays VI,* Montréal, les Presses de l'Université du Québec, 1973, pp. 103-110.

Lavoie, Michelle, «Jacques Ferron: de l'amour du pays à la définition de la patrie», in *Voix et images du pays,* Cahiers de Sainte-Marie, no 4, 1967, pp. 87-101.

«Jacques Ferron ou le prestige du verbe», in *Etudes françaises,* vol. 5, no 2, mai 1969, pp. 185-192.

Mailhot, Laurent, «Jacques Ferron: de l'amour incertain à la patrie possible», in Jean-Cléo Godin et Laurent Mailhot *Le théâtre québécois — Introduction à dix dramaturges contemporains,* Montréal, H.M.H., 1970, pp. 151-172.

«La critique», *Etudes françaises,* vol. 7, no 2, 1971, pp. 191-212 (pages concernant Ferron: 199-204).

Major, André, «Jacques Ferron romancier», in *Europe* nos 478-479, février-mars 1969, pp. 56-60.

Marcel, Jean, «Tinamer au pays des merveilles: *L'Amélanchier* de Jacques Ferron», in *Livres et auteurs québécois 1970,* pp. 11-14.

Rabotin, Maurice, «La langue et le style des Contes de J. Ferron», in *Littératures,* Mélanges littéraires publiés à l'occasion du 150e anniversaire de l'Université McGill de Montréal, Montréal, H.M.H., 1971, pp. 147-156.

Robert, Robert, «Un diagnostic du réel: *les Contes* de Jacques Ferron», in *Lettres et écritures,* vol. 5, no 1, janvier-mars 1967, pp. 16-19.

Robidoux, Réjean et André Renaud, «Cotnoir», in *Le roman canadien-français du vingtième siècle,* Editions de l'Université d'Ottawa, 1966, pp. 185-196.

Vanasse, André, «Le théâtre de Jacques Ferron: à la recherche d'une identité», in *Livres et auteurs québécois 1969,* pp. 219-230.

Faire la bombe... ou la lancer?
Prochain épisode de Hubert Aquin

Faire la bombe... ou la lancer?
Prochain épisode de Hubert Aquin

Pour reprendre l'expression à double sens d'un critique de l'époque, la parution de *Prochain épisode* en 1965 fit l'effet d'une bombe. Son auteur, pratiquement inconnu du monde littéraire québécois, réussissait une entrée fracassante sur la scène romanesque. Mais si *Prochain épisode* est le premier roman d'Hubert Aquin, il n'est pas né de génération spontanée. Une réflexion s'étendant sur plusieurs années a précédé sa rédaction, réflexion dont l'essentiel est contenu dans un article de 1963 intitulé «Profession écrivain». Dans cet article, capital pour la compréhension de *Prochain épisode* comme à mon sens de la situation de l'écrivain québécois en général, Hubert Aquin situe l'écriture dans le contexte du phénomène colonial. La société québécoise étant aux yeux d'Aquin une société colonisée, quel sens doit avoir l'écriture, si tant est qu'elle ait un sens. A l'instar de Gaston Miron, Aquin a en effet longtemps cru que la littérature était inconciliable avec une volonté de libération du carcan colonial. Il a longtemps refusé l'écriture parce que, écrivain colonisé, il comprenait qu'il était attiré par l'art, et qu'on lui reconnaissait du talent en ce domaine, précisément parce qu'il appartenait à un groupe colonisé et que l'art constituait une protestation inoffensive, une soupape de sûreté qui objectivement servait les intérêts des forces colonisatrices. Ecrire, c'était se donner l'illusion de l'action. Mais, poursuit Aquin, puisque les conditions de l'action concrète ne sont pas encore réunies, autant écrire pour ne pas sombrer dans la paralysie, pour échapper à la mort. Si l'œuvre littéraire ne peut se substituer à l'action, elle en est même le contraire, elle peut du moins concourir à préparer les conditions de cette action. Comment? Avant tout par la lucidité qui n'assignera jamais à l'écriture une fin en soi, la fin étant extérieure à l'œuvre, située dans un «prochain épisode» dont l'œuvre ne peut que favoriser l'avènement. En d'autres mots, l'écrivain, au moment même où il écrit, doit se rappeler constamment la portée limitée de l'écriture, refuser la littérature dans le même temps qu'il s'y adonne. La structure de l'œuvre devra tenter de reproduire la structure profonde de la réalité de l'écrivain et de la société à laquelle il appartient, dans le cas de l'écrivain québécois, la réalité coloniale. Non seulement reproduire cette structure mais aussi manifester la volonté de la faire éclater par l'utilisation de ce que certains ont appelé une rhétorique de la rupture. Au refus de la littérature répond la recherche délibérée de l'incohérence. Tel est le chemin étroit et difficile à tenir qu'Aquin s'impose: écrire, mais en gardant constamment présent à l'esprit qu'écrire n'est pas agir, s'attaquer, de l'intérieur même de l'écriture, aux canons de la littérature, ordre, mesure, clarté, cohérence, qui sont les fondements sur lesquels s'appuient les forces colonisatrices.

Le passage que j'ai choisi d'étudier se situe au début du roman alors que le héros narrateur, séquestré dans un institut psychiatrique à la suite d'activités «révolutionnaires» menées en Suisse pour le compte d'un réseau québécois auquel il appartient, fait le point sur sa situation et sur l'échec de sa mission comme de toute sa vie.

Prochain épisode[1]

> *Entre un certain 26 juillet et la nuit amazonique du 4 août, quelque part entre la prison de Montréal et mon point de chute, je décline silencieusement en résidence surveillée et sous l'aide de la psychiatrie viennoise; je me déprime et me rends à l'évidence que cet affaissement est ma façon d'être. Pendant des années, j'ai vécu aplati avec fureur. J'ai habitué mes amis à un voltage intenable, à un gaspillage d'étincelles et de courts-circuits. Cracher le feu, tromper la mort, ressusciter cent fois, courir le mille en moins de quatre minutes, introduire le lance-flamme en dialectique, et la conduite-suicide en politique, voilà comment j'ai établi mon style. J'ai frappé ma monnaie dans le vacarme à l'image du surhomme avachi. Pirate déchaîné dans un étang brumeux, couvert de Colt 38 et injecté d'hypodermiques grisantes, je suis l'empri-*

---

1 Hubert Aquin, *Prochain épisode*, Le Cercle du livre de France, Montréal, 1965, pp. 24-26.

sonné, le terroriste, le révolutionnaire anarchique et incontes-
tablement fini! L'arme au flanc, toujours prêt à dégainer
devant un fantôme, le geste éclair, la main morte et la mort
dans l'âme, c'est moi le héros, le désintoxiqué! Chef national
d'un peuple inédit! Je suis le symbole fracturé de la révolution
du Québec, mais aussi son reflet désordonné et son incarna-
tion suicidaire. Depuis l'âge de quinze ans, je n'ai pas cessé de
vouloir un beau suicide: sous la glace enneigée du lac du
Diable, dans l'eau boréale de l'estuaire du Saint-Laurent,
dans une chambre de l'hôtel Windsor avec une femme que j'ai
aimée, dans l'auto broyée l'autre hiver, dans le flacon de
Beta-Chlor 500 mg, dans le lit du Totem, dans les ravins de la
Grande-Casse et de Tour d'Aï, dans ma cellule CG19, dans
mes mots appris à l'école, dans ma gorge émue, dans ma
jugulaire insaisie et jaillissante de sang! Me suicider partout et
sans relâche, c'est là ma mission. En moi, déprimé explosif,
toute une nation s'aplatit historiquement et raconte son
enfance perdue, par bouffées de mots bégayés et de délires
scripturaires et, sous le choc noir de la lucidité, se met soudain
à pleurer devant l'immensité du désastre et l'envergure quasi
sublime de son échec. Arrive un moment, après deux siècles de
conquêtes et 34 ans de tristesse confusionnelle, où l'on a plus
la force d'aller au-delà de l'abominable vision. Encastré dans
les murs de l'Institut et muni d'un dossier de terroriste à
phases maniacospectrales, je cède au vertige d'écrire mes
mémoires et j'entreprends de dresser un procès-verbal précis
et minutieux d'un suicide qui n'en finit plus. Vient un temps
où la fatigue effrite les projets pourtant irréductibles et où le
roman qu'on a commencé d'écrire sans système se dilue dans
l'équanitrate. Le salaire du guerrier défait, c'est la dépression.
Le salaire de la dépression nationale, c'est mon échec; c'est
mon enfance dans une banquise, c'est aussi les années
d'hibernation à Paris et ma chute en ski au fond du Totem
dans quatre bras successifs. Le salaire de ma névrose
ethnique, c'est l'impact de la monocoque et des feuilles
d'acier lancées contre une tonne inébranlable d'obstacles.
Désormais, je suis dispensé d'agir de façon cohérente et
exempté, une fois pour toutes, de faire un succès de ma vie. Je
pourrais, pour peu que j'y consente, finir mes jours dans la

> *torpeur feutrée d'un institut anhistorique, m'asseoir indéfini-*
> *ment devant dix fenêtres qui déploient devant mes yeux dix*
> *portions équaniles d'un pays conquis et attendre le jugement*
> *dernier où, étant donné l'expertise psychiatrique et les*
> *circonstances atténuantes, je serai sûrement acquitté.*

Dans ce passage comme dans tout le roman le récit est fait à partir du point de vue en situation d'un *je* à la fois narrateur et héros. Le *je* assume la fonction de narrateur, prenant lui-même la commande du récit de ses aventures. La distance qu'il établit entre le personnage qu'il est et celui qui le regarde agir n'est pas signe de faiblesse et de domination, mais de lucidité, le *je* agissant et se regardant agir tout à la fois. C'est là un premier indice de l'ambivalence de sa personnalité que l'analyse du texte permettra de confirmer. Le discours du narrateur traduit une tentative d'auto-analyse, d'auto-définition, d'ailleurs menée à terme, le narrateur réussissant à faire le tour de lui-même et à poser un diagnostic inscrit à la double enseigne de la réussite et de l'échec; réussite, car il démonte le fonctionnement de sa mécanique intérieure, échec, puisque son analyse est juste dans la mesure où elle conclut à la faillite de sa vie.

Tout au long du texte, les phrases traduisent la réussite de l'analyse du narrateur et l'échec fondamental de la vie du héros, ambivalence rejetant en des mondes irréconciliables la capacité de comprendre et celle d'agir, ambivalence sans doute le trait caractéristique de la personnalité du *je,* à la fois supérieurement intelligent au plan de la conception et de l'analyse, et totalement impuissant dans le réel. Prenons comme exemple la phrase suivante: «(je) me rends à l'évidence que cet affaissement est ma façon d'être», où la réussite de la lucidité — «je me rends à l'évidence», «est ma façon d'être» — est minée de l'intérieur par le constat de faiblesse sur laquelle elle débouche — «cet affaissement» —. Nombreuses sont les phrases où le verbe être, l'article défini, le démonstratif, marquent la réussite de l'auto-analyse, mais sont aussitôt suivis d'un nom, d'une épithète, d'un adjectif qui, eux, véhiculent la notion d'échec: «je suis l'emprisonné, le terroriste, le révolutionnaire anarchique et incontestablement fini»; «je suis le symbole fracturé de la révolution du Québec»; «sous le choc noir de la lucidité»; autant de phrases que résume l'expression «mon échec» où le possessif manifeste la justesse de l'analyse et le substantif la faillite concrète. La vérité de la parole s'appuie sur l'échec de l'action et constitue peut-être l'une des causes de l'échec. *Prochain épisode* serait-il ce roman si parfait et si beau, si le héros-narrateur avait fait un succès de sa vie?

L'analyse du texte s'organisera donc autour de deux volets. Dans un premier temps, nous verrons comment le *je* narrateur — celui qui rédige le roman *Prochain épisode* — décrit sans pitié le personnage qu'il est, le «héros» qu'il se voulait, à travers certains faits appartenant à son passé et aussi à son présent de prisonnier d'un institut psychiatrique. Dans un deuxième temps notre attention se portera sur le narrateur lui-même et nous nous intéresserons à sa conception de l'écriture, aux procédés de rhétorique qu'il utilise, à leurs effets. Bref, nous sommes en présence de deux hommes: d'une part, un homme qui s'est voulu révolutionnaire, qui a lamentablement échoué dans sa mission et qui, alors qu'il a été arrêté et emprisonné, juge sévèrement le faux héros qu'il a été et dresse «un procès-verbal précis et minutieux d'un suicide qui n'en finit plus». D'autre part, nous avons un homme qui a choisi d'écrire pour certaines raisons, et qui choisit d'écrire d'une certaine façon pour produire des effets précis destinés tant à tourner en ridicule le héros qu'il n'a pas été qu'à décontenancer le lecteur et réussir ainsi au plan littéraire ce qu'il n'a pas réussi dans le concret — instaurer l'incohérence.

Décrivant le héros qu'il se voulait (et qu'il sait maintenant ne pas être), le narrateur utilise un vocabulaire mettant à jour sa personnalité ambivalente et ce, dans une intention ironique évidente. Deux grands réseaux lexicaux se dégagent du passage: celui de la violence, et celui de la dépression. Le héros voulait inscrire sa vie dans le cadre de «la révolution du Québec» dont il se dit «le symbole fracturé». Se définissant comme «le terroriste, le révolutionnaire anarchique», il est satisfait qu'on le juge comme tel, qu'on lui ait collé «un dossier de terroriste à phases maniacospectrales». La révolution du Québec prend place dans le mouvement révolutionnaire universel qui va de la révolution française — «la nuit amazonique du 4 août» (1792) — à la révolution cubaine — «un certain 26 juillet» (1960). Pour être à la hauteur de ce cadre grandiose, le narrateur désigne son personnage comme le «héros», le «surhomme». Le sens de ce dernier mot est intéressant: surhomme: type d'homme supérieur que doit engendrer l'humanité quand elle se développera selon «la volonté de puissance» après avoir rejeté «la morale des esclaves». Le surhomme que se voulait le héros est l'envers du sous-homme dominé dont Gaston Miron, dans «le Damned Canuck», a évoqué l'existence misérable. Ce surhomme a une «mission», faire la révolution.

Un vocabulaire très abondant traduit la recherche de la violence et de l'éclatement. Le héros est à l'aise au milieu des armes. Il apparaît «couvert de Colt 38», «l'arme au flanc», «toujours prêt à dégainer», «explosif» comme s'il était lui-même une bombe prête à exploser, prompt à «cracher le feu» et à faire usage du «lance-flamme». L'idée de feu est pour lui associée aux armes, comme si l'expression faire feu retrouvait ici son sens profond, le feu évoquant la puissance destructrice de la foudre, et celle plus moderne de l'électricité, comme en témoignent plusieurs mots — «voltage intenable», «étincelles», «courts-circuits», «le geste éclair». Parallèlement à la présence des armes et du feu, le passage décrit une suite d'actions violentes, à tout le moins de mots ou d'expressions qui véhiculent l'idée de violence: «avec fureur», «conduite-suicide», «pirate déchaîné», «geste éclair», «auto broyée», «jugulaire insaisie et jaillissante de sang», «bouffée», «choc noir», «l'impact de la monocoque et des feuilles d'acier lancées contre une tonne inébranlable d'obstacles».

Que signifie ce vocabulaire de la révolution et de la violence? Certes que toute une facette de la personnalité du *je* aspire à cette violence, qu'elle est d'une certaine façon sa manière d'être, qu'il en a un besoin presque physique, qu'elle est le moyen unique par lequel la révolution peut survenir. Mais le narrateur est trop intelligent, trop lucide pour ne pas voir qu'une telle recherche de la violence, étalage qui frise la complaisance, dissimule mal l'incapacité du héros d'instaurer cette violence dans le réel. Le narrateur sait trop bien que s'il parle tant de révolution c'est qu'il est incapable de la faire. Il n'est pas dupe de son vocabulaire. Il se moque continuellement du héros qu'il voudrait être, il ironise sur ses prétentions à l'action. S'il se désigne comme un «surhomme», il ajoute qu'il est un «surhomme avachi» et s'il est toujours prêt à dégainer, c'est «devant un fantôme».

Aussi ne perd-il pas un instant de vue l'échec de sa mission, et il ne tente pas d'escamoter sa défaite individuelle et nationale. Tout le vocabulaire de la révolution, des armes à feu, de la violence, n'a pas empêché que le pays soit toujours «conquis» et que cette conquête dure depuis «deux siècles». Au «pays conquis» et aux «deux siècles de conquête» répondent au plan individuel le «guerrier défait» et les «34 ans de tristesse confusionnelle». Le narrateur, au milieu de ses évocations et de ses appels à la révolution, n'oublie pas sa situation présente d'emprisonné et la rappelle constamment: «la prison de Montréal», «en résidence surveillée», «je suis l'emprisonné», «encastré dans les murs de l'Institut», «ma cellule CG19». En fait, il la rappelle trop souvent. Pourquoi? Sûrement pour garder présent à l'esprit lui-même le ridicule de sa situation, pour ironiser sur son apologie de la violence alors qu'il est emprisonné. Piètre surhomme qui s'est laissé coffrer ainsi et qui, ce qui est le comble pour un révolutionnaire qui rêve de tout faire sauter, non seulement n'essaye pas de s'évader, mais encore n'échafaude aucun plan d'évasion, apparemment satisfait de penser qu'un jour il sera «sûrement acquitté». La pensée première de tout prisonnier n'est-elle pas de s'évader? Or, notre héros ne songe pas à une évasion qui serait d'autant plus facile qu'il n'est pas incarcéré dans une véritable prison mais dans un institut psychiatrique. En fait, il semble que son emprisonnement l'arrange à plus d'un titre: il le soustrait à la nécessité d'une action qu'il est incapable de mener, en même temps qu'il accrédite à ses yeux l'image du combatant qu'il se veut, du martyr de la révolution.

On comprend dès lors, et le narrateur lui-même le comprend, qu'il est un faux révolutionnaire, un malade, pour qui la révolution, constitue une thérapie à son état dépressif. Loin d'avoir solutionné ses problèmes personnels pour fondre toutes ses énergies dans un projet de libération collective, le héros est un incorrigible individualiste ramenant tout à sa minable personne et, en définitive, utilisant la notion de la révolution à des fins personnelles. Aussi le réseau lexical de la dépression est-il encore beaucoup plus étendu que celui de la violence.

Le narrateur ne cache pas qu'il est actuellement «sous l'aile de la psychiatrie viennoise» dans un institut psychiatrique — en réalité

l'Institut Albert Prévost, boulevard Gouin, à Cartierville, en banlieue
de Montréal. Il est même prêt à être acquitté sur la foi d'une «expertise
psychiatrique» de son cas: pas plus qu'il ne cherche à s'évader, il ne
proteste d'être tenu pour malade mental. Il accepte son état comme sa
réclusion: drôle de révolutionnaire qui loge à l'enseigne de l'acceptation, de la résignation. Il avoue avoir fait usage de médicament, de
drogue: «hypodermiques grisantes», «Beta-Chlor», «équanitrate.»
S'il se dit «désintoxiqué», on ne le croit guère; tout prouve au
contraire qu'il est encore intoxiqué et qu'il n'a pas l'intention de
suivre une cure. Pourtant il décrit en détail les troubles mentaux dont
il souffre. Ses états d'âme faits d'émotion excessive, de pleurs, de
tristesse et de fatigue, révèlent qu'il a atteint un état dépressif avancé.
Sous sa plume reviennent constamment les mêmes mots: Chute: «mon
point de chute», «ma chute en ski au fond du Totem»; le verbe
déprimer: «je me déprime», «déprimé explosif», «dépression nationale»; le verbe aplatir: «j'ai vécu aplati avec fureur», «une nation
s'aplatit historiquement». A cette liste, ajoutons d'autres expressions:
«je décline silencieusement», «cet affaissement», «avachi», «incontestablement fini», «névrose ethnique». A nouveau ici, le plus curieux,
puisque nous avons affaire à quelqu'un qui se prétend révolutionnaire,
c'est de constater à quel point le héros accepte son état dépressif
comme un fait irrémédiable. Il parle de sa «névrose ethnique», de son
«échec», de «l'immensité du désastre», de «l'envergure quasi sublime
de l'échec», comme de questions réglées une fois pour toutes. Il va
même jusqu'à envisager de terminer sa vie dans cet état: «Désormais,
je suis dispensé d'agir de façon cohérente et exempté, une fois pour
toutes, de faire un succès de ma vie.» En somme, il se justifie à
l'avance de ne pas agir.

    A cet état dépressif se greffent des corollaires d'importance.
Tout d'abord, une incapacité de voir les choses avec clarté, un état de
confusion dans lequel est plongé le héros. Il affirme avoir passé les
trente-quatre ans de sa vie dans une «tristesse confusionnelle», être en
proie au «vertige», au bégaiement, il se décrit comme un pirate «dans
un étang brumeux». Cette confusion jointe à son état dépressif
explique le sentiment qu'il a de son incapacité de se réaliser lui-même,
de mener à terme sa mission. Il reconnaît être le «symbole fracturé»
d'un «peuple inédit» et il avoue que la fatigue a effrité «les projets
pourtant irréductibles» et qu'il n'a plus la force «d'aller au-delà de

l'abominable vision». Cette incapacité de jamais réaliser sa mission, il l'accepte comme définitive et entrevoit la possibilité de finir ses jours «dans la torpeur feutrée d'un institut anhistorique», ce qui, en clair, signifie qu'il accepte et même concourt à sa propre disparition. Il accuse d'ailleurs une très forte tendance suicidaire. L'idée du suicide le hante constamment — le mot suicide ou le verbe se suicider reviennent à cinq reprises dans le texte. Il prend manifestement plaisir à énumérer ses nombreuses tentatives de suicide, toutes ratées évidemment puisqu'il est toujours vivant. Que signifie cette tendance suicidaire? Bien sûr, qu'il tourne contre lui-même la violence qu'il ne peut canaliser contre les forces qui l'oppriment, qu'incapable de s'attaquer efficacement à l'ennemi, il en arrive à épouser son point de vue et à le pousser à son point extrême. Mais là encore, il est cet être confus, incapable de choisir une voie et de s'y tenir. Pas plus qu'il n'a pu mener à terme sa mission, il ne peut se résoudre à se suicider. On ne rate pas autant de suicides sans raison. A moins d'imprévu, on rate son suicide quand on ne veut pas vraiment se suicider. Comme le héros accepte la prison parce que cela étoffe à ses yeux son image de révolutionnaire, il recherche le suicide sans vraiment le vouloir pour se donner l'illusion d'une vie dangereuse, à la frontière de la mort.

Le héros utilise donc l'idée de révolution à son profit, beaucoup plus qu'il ne la sert comme ce devrait être le cas s'il était un véritable révolutionnaire; il l'utilise pour se grandir à ses propres yeux et se dissimuler sa faiblesse chronique. Deux réseaux d'images développent ces deux aspects de sa personnalité. Le premier concerne ce qu'on peut appeler un vocabulaire astral. Le narrateur, pour décrire le héros dépressif qu'il est, utilise des termes servant à décrire le mouvement des astres: point de chute, révolution, phases, système, décliner, autant de termes qui l'associent à un astre, dans une phase de déclin il est vrai, mais qui donnent de lui-même une image grandie. Le deuxième réseau est encore plus important, étant à la fois plus développé et relié directement à son état dépressif: c'est celui de l'hiver. Toutes les fois où cette saison est évoquée, elle est associée soit au suicide, soit à un état voisin de la mort. Parlant de la dépression nationale et de son échec personnel, il évoque trois fois en une même phrase l'hiver mortel: «c'est mon enfance dans une banquise, c'est aussi les années d'hibernation à Paris et ma chute en ski au fond du Totem.» Beaucoup de ses tentatives de suicide se sont déroulées l'hiver: «sous la glace enneigée du lac du Diable, dans l'eau boréale de l'estuaire du Saint-Laurent, (...), dans l'auto broyée l'autre hiver, (...), dans le lit du Totem, dans les ravins de la Grande-Casse et de Tour d'Aï». Sans verser dans la psychocritique intempestive, le sens de ce second réseau d'images est transparent: l'hiver symbolisé ici par la neige, à la fois s'oppose au feu — c'est-à-dire à la volonté d'action — parce qu'elle est froide, et parce qu'elle est eau (autre contraire du feu), manifeste le besoin du héros de retrouver un état premier — le mot enfance apparaît d'ailleurs en toutes lettres — où il se sent protégé, ce qui coïncide avec sa tendance suicidaire qui n'est qu'un moyen — extrême il est vrai — de retourner à un stade antérieur de la vie. Lorsque le narrateur énumère ses tentatives de suicide, la préposition «dans» revient pas moins de neuf fois (et «sous» une fois), signe de son besoin d'être entouré, enveloppé, à la limite, emprisonné, nouvelle explication de son acceptation de l'incarcération: il y a trouvé un lieu clos qui le rassure.

Un point cependant est à la décharge du héros: il est tributaire du groupe ethnique dont il fait partie. Certes, comme il se sent faible, il cherche à se grandir et se pose en symbole de la révolution québécoise, en prototype du surhomme québécois. Mais, contrairement à son attente, cela ne tourne pas à son profit. Se penchant sur l'homme faible qu'il est, le narrateur comprend que cette faiblesse est congénitale, qu'il a hérité d'une «dépression nationale» et d'une «névrose ethnique»: «En moi, déprimé explosif, toute une nation s'aplatit historiquement...» Le narrateur découvre qu'il est ce qu'il a été fait et qu'il ne peut rien contre cette mécanique. S'il est dépressif, névrotique, confus, sans prise sur le réel, que sa vie est un échec, qu'il est incapable de réaliser un équilibre intérieur dynamique, c'est qu'il appartient à un «peuple inédit», morcelé en dix provinces. Un mot en particulier, qui revient deux fois dans le passage, illustre l'état de dépendance du héros par rapport au groupe ethnique québécois: le mot Totem. Dans les deux cas le mot est signe de mort. Le narrateur rappelle qu'une de ses tentatives de suicide a eu lieu «dans le lit du Totem», puis il précise: «ma chute en ski au fond du Totem dans quatre bras successifs.» Que le Totem soit montagne, rivière ou hôtel est possible. Mais le choix du mot Totem n'est pas dû au hasard. Ce mot sert à désigner l'animal et par la suite le protecteur d'un clan, objet de tabous et de devoirs particuliers, et le totémisme désigne une organisation sociale et familiale fondée sur le culte des totems. Nul doute possible, le mot Totem est placé là sciemment pour bien indiquer que le héros, avec ses stériles bouffées de violence et ses retombées dépressives, est à l'image du groupe ethnique qui se manifeste à travers lui. Nul avenir ne lui est donc ouvert — et en ce sens le narrateur a raison de songer qu'il ne lui reste plus qu'à finir ses jours dans un «institut anhistorique» — tant que la communauté ethnique à laquelle il appartient n'aura pas commencé à se transformer et donc à le transformer lui-même.

D'autre part, le *je* est aussi un narrateur, un écrivain qui a décidé d'écrire un «roman». Comment en est-il arrivé à cette décision surprenante pour un révolutionnaire? N'est-ce pas là une échappatoire? Le narrateur est conscient de ce danger: «Je cède au vertige d'écrire mes mémoires et j'entreprends de dresser un procès-verbal précis et minutieux d'un suicide qui n'en finit plus.» Certes, dans sa situation, écrire risque d'être la manifestation de la confusion dans laquelle il est plongé et l'occasion d'introduire dans sa vie l'ordre compensatoire du «procès-verbal précis et minutieux», ou encore l'occasion de vivre par procuration de beaux «délires scripturaires», bref le moyen de faire ce dont il a été incapable dans le réel. C'est là une conception de l'écriture, une tentation, un piège, dans lequel ne veut pas tomber le narrateur. Il s'attache au contraire à une autre conception de l'écriture qui, au lieu de substituer un ordre littéraire au désordre du réel, s'applique à cultiver systématiquement l'incohérence. A sa manière le narrateur s'efforcera d'«introduire le lance-flamme en dialectique». Si l'on se souvient que le mot dialectique désigne la marche de la pensée qui reconnaît l'inséparabilité des contradictoires (thèse et antithèse) que l'on peut unir dans une catégorie supérieure (synthèse), l'intention du narrateur est claire: prendre le contre-pied de la logique de la pensée et du langage, faire éclater la cohérence des phrases et des mots «appris à l'école». Il écrira donc son roman «sans système», sous le signe de l'incohérence, parce que c'est là le plus sûr moyen de traduire son état dépressif, mais aussi parce que l'incohérence s'attaque à la tradition littéraire française dont la clarté est le fondement. Ainsi espère-t-il miner l'écriture de l'intérieur, faire en littérature ce qu'il n'a pu faire dans le réel: provoquer l'éclatement.

Cette rhétorique de la rupture s'appuie sur un certain nombre de procédés stylistiques dont nous allons passer en revue les plus importants. Pour s'opposer au découpage logique du réel, le narrateur préconise le télescopage temporel et spatial qui traduit l'état de confusion du héros et déconcerte le lecteur privé de points de repère sûrs. Le narrateur énumère des dates — «un certain 26 juillet», «la nuit amazonique du 4 août» — ou évoque des époques ou des moments — «pendant des années», «depuis l'âge de quinze ans» «l'autre hiver», «arrive un moment», «vient un temps» — qui, loin de découper le temps avec précision, le dilatent au contraire jusqu'à étirer la vie du héros sur plusieurs siècles: «Arrive un moment, après deux siècles de conquêtes et trente-quatre ans de tristesse confusionnelle.» Ce temps qui se refuse à un découpage logique et chronologique devient temps unique, comme en dehors de l'histoire, sans déroulement, sans début ni fin, magma dans lequel il n'est pas possible d'opérer des divisions, temps indivisible, indéfini qui est celui du héros dont le suicide «n'en finit plus» et du prisonnier de l'institut «antihistorique». Il en va de l'espace comme du temps. Où sommes-nous? Partout et nulle part à la fois. Au Québec puisqu'il est question de la prison de Montréal, de l'estuaire du Saint-Laurent, de l'hôtel Windsor. Mais aussi à Paris, et en Suisse (les ravins de la Grande-Casse et de Tour d'Aï), à Cuba (26 juillet), dans la France de la Révolution (le 4 août). Quant au lac du Diable et au Totem, ils peuvent être d'ici ou d'ailleurs, peu importe. L'important c'est que des lieux apparemment différents s'interpénètrent au point qu'il n'est plus possible de savoir exactement où l'on est.

Le narrateur pratique aussi dans le même esprit l'allusion, qui permet à travers une notation, un élément, d'en évoquer un autre. L'allusion historique — le 26 juillet 1960 date de la révolution cubaine et le 4 août 1792 date de la Révolution française —, font éclater le cadre spatio-temporel du récit et greffent au temps et à l'espace du héros un passé révolutionnaire mythique. Les «deux siècles de conquêtes» donnent à la vie du héros une origine qui remonte à 1760. L'allusion littéraire permet au narrateur d'ironiser sur la conduite du héros. Lorsqu'il écrit «je suis l'emprisonné, le terroriste, le révolution-naire anarchique», il évoque le poème «El desdichado» de G. de Nerval — «Je suis le ténébreux, le veuf, l'inconsolé» — et fait ressortir le ridicule de sa situation. Comment aussi ne pas voir une allusion à un certain type de roman policier ou d'espionnage à la James Bond — dont c'était en 1965 l'heure de gloire — dans la phrase suivante où le narrateur résume la condition du héros: «Cracher le feu, tromper la mort, ressusciter cent fois, courir le mille en moins de quatre minutes, introduire le lance-flamme en dialectique, et la conduite-suicide en politique, voilà comment j'ai établi mon style.» Le héros est un révolutionnaire aussi vraisemblable que James Bond est un agent secret, c'est-à-dire pas du tout.

Le paradoxe est un autre procédé que cultive avec bonheur le narrateur ironisant sur la conduite du héros et laissant le lecteur perplexe devant des expressions formées de mots qui s'annulent l'un l'autre. Les exemples de paradoxe sont nombreux: «aplati avec fureur», «surhomme avachi», «pirate déchaîné dans un étang brumeux», «le geste éclair, la main morte», «déprimé explosif» «Chef national d'un peuple inédit», «me suicider partout et sans relâche». Dans la même veine, le narrateur pratique le jeu de mots: «la main morte et la mort dans l'âme»; «mon point de chute»; et «ma chute en ski»; «Le salaire du guerrier défait, c'est la dépression. Le salaire de la dépression nationale, c'est mon échec». Il recourt au vocabulaire spécialisé de la médecine — hypodermiques, maniacospectrales, équanitrate — et n'hésite pas à faire usage de néologismes — amazonique, insaisie, scripturaires, confusionnelle, anhistorique, équaniles — qui perturbent la communication et plongent le lecteur dans le désarroi. L'attelage, coordination de deux termes, l'un abstrait, l'autre concret, traduit la nature ambivalente du héros dont les facettes opposées de sa personnalité s'annulent et paralysent toute possibilité d'action véritable, et surprend le lecteur par une construction osée en français, du genre «la main morte et la mort dans l'âme», ou encore «quelque part entre la prison de Montréal et mon point de chute.»

Mentionnons enfin l'inflation verbale et ce qu'on peut appeler les énumérations lyriques, qui toutes deux s'attaquent à la tradition de mesure et de clarté de la langue française. L'inflation verbale en énumérant des lieux de façon étourdissante indique que pour le héros emprisonné la parole est un moyen de se faire croire qu'il agit, en même temps que, sous prétexte de précision, elle entraîne en réalité le lecteur dans un labyrinthe de mots où il ne s'y retrouve plus. Pour un texte relativement court, nous passons dans un nombre impressionnant de lieux très différents: Cuba, la France de la Révolution, Paris, la prison de Montréal, l'institut psychiatrique, la cellule CG19, l'hôtel Windsor, l'auto broyée, le lac du Diable, l'estuaire du Saint-Laurent, le lit du Totem, la Grande-Casse et Tour d'Aï en Suisse, etc. Ajoutons à cette énumération de lieux, celle des actions du héros, et nous arrivons à une somme considérable d'espaces et de temps évoqués dans un télescopage vertigineux. Le rythme haletant de ce télescopage est amplifié par la construction des phrases souvent faites d'énumérations qui, s'enchaînant, produisent un effet d'accumulation lyrique, notamment grâce à l'emploi des démonstratifs (les nombreux «c'est») et des constructions anaphoriques («Arrive au moment (...) Vient un temps»; «Le salaire du guerrier défait c'est (...) Le salaire de ma dépresssion c'est (...) Le salaire de ma névrose ethnique c'est (...) »).

Mais toute cette rhétorique de la rupture atteint-elle le but que visait le narrateur? Peut-on affirmer que l'écrivain a réussi là où le héros a échoué? Le narrateur a-t-il fait éclater l'écriture de l'intérieur, a-t-il, pour reprendre son expression, introduit «le lance-flamme en dialectique»? Je ne crois pas. L'écrivain a failli dans sa mission littéraire exactement comme le héros dans sa mission révolutionnaire. Le texte est en fait tout le contraire d'un texte incohérent, anarchique. Malgré lui peut-être, le narrateur écrit un texte remarquablement composé où il est facile de déceler la présence d'un plan on ne peut plus logique. Dans un premier temps (la première phrase) il prend conscience de l'évidence: son état dépressif. Il plonge ensuite dans son passé et évoque sa recherche de la violence et du suicide, violence et tendance suicidaire se soldant toutes deux par un échec et expliquant son état présent. Ayant fait ainsi le tour de lui-même, il comprend qu'il ne pouvait en être autrement, qu'il est à l'image du groupe ethnique québécois: «En moi, déprimé explosif, toute une nation s'aplatit historiquement et raconte son enfance perdue, par bouffée de mots bégayés et de délires scripturaires et, sous le choc noir de la lucidité, se met soudain à pleurer devant l'immensité du désastre et l'envergure quasi sublime de son échec.» Il termine ce tour d'horizon en évoquant un avenir qui sera fonction du passé: «Désormais, je suis dispensé d'agir de façon cohérente et exempté, une fois pour toutes, de faire un succès de ma vie.» Peut-on imaginer démarche plus logique de la pensée et découpage chronologique plus clair: passé national («deux siècles de conquêtes») et passé mythique du mouvement révolutionnaire universel, passé individuel («34 ans de tristesse confusionnelle»), temps présent de l'emprisonnement, du désespoir, de l'affaissement, de la lucidité et de l'écriture, et avenir inscrit à l'enseigne d'un temps unique, indéfini.

La construction des phrases et leur liaison sont par ailleurs régies par une structure très rigide. Nulle trace ici de parataxe ou de juxtaposition. Tous les éléments sont liés d'une façon extrêmement serrée. Certes la construction des phrases obéit à une structure binaire évoquant assez justement l'ambivalence de la personnalité du *je,* structure binaire dont la première phrase du texte offre un bel exemple: «Entre un certain 26 juillet et la nuit amazonique du 4 août, quelque part entre la prison de Montréal et mon point de chute, je décline silencieusement en résidence surveillée et sous l'aile de la psychiatrie viennoise.» Mais comme la plupart des phrases du texte obéissent à cette structure binaire, celle-ci devient la norme et le lecteur s'y habitue rapidement, pas plus qu'il n'est désorienté très longtemps par l'organisation antithétique des images du type échec-triomphe, exaltation-dépression, eau (ou neige)-feu. Chacune de ses images est liée à son opposée, et chaque couple d'images s'inscrit à son tour dans un réseau facilement repérable.

Bref, il n'y a rien d'incohérent dans la composition de ce passage. Même les procédés dont j'ai parlé plus haut, tels l'allusion, le paradoxe, le jeu de mots, l'attelage, sont régis par une même structure qui, une fois identifiée, devient presque prévisible et donc sans effet. En outre, le texte présente un éventail d'éléments d'ordre considérable au nombre desquels la ponctuation, la présence de coordination, de relatifs, de conjonctions, de constructions anaphoriques, d'accumulations, d'énumérations, de répétitions, de liaisons thématiques et sémantiques, de démonstratifs comme «voilà» qui résument ce qui précède. Le narrateur n'a pas introduit «le lance-flamme en dialectique» pas plus qu'il n'a fait éclater la cohérence de la langue française.

Que conclure de ce nouvel échec du *je* écrivain qui s'ajoute à celui du *je* héros. Qu'il est malgré lui cartésien jusqu'au bout des ongles et donc aux antipodes de l'anarchie et de l'incohérence. Que son désir de contester le système dont il se sent prisonnier est superficiel et ne correspond pas — peut-être à son insu — à son sentiment profond. Car, écrivain, s'impose à lui pour contester le système, une forme, une organisation formelle qui, objectivement, est celle du système qu'il prétend détruire. Plus loin dans le roman, le héros dont la mission est de tuer un certain H. de Heutz, s'introduira dans le château de ce dernier et ne pourra s'empêcher d'être séduit par la beauté des lieux, la splendeur du décor et du paysage. Résultat: lorsque H. de Heutz apparaîtra dans son champ de tir, il le ratera. Il le rate pour la même raison qu'écrivain il ne peut mettre à sac la langue française: dans les deux cas il ne peut se résoudre à saccager ce qu'au fond de lui il admire. A son insu, ce qu'il veut être, ce n'est pas un révolutionnaire mais H. de Heutz, ce n'est pas un écrivain anarchique, mais un grand écrivain français. Mais comme cette pensée gêne sa conscience politique, il prône la révolution en politique comme en littérature. Faut-il se surprendre que dans ces conditions sa vie à quelque niveau qu'on l'interroge soit un échec et qu'objectivement sa conduite soit plus proche de celle d'un contre-révolutionnaire.

Hubert Aquin (1929-1977)

Œuvres d'Hubert Aquin

Prochain épisode, Montréal, Cercle du livre de France, 1965.

Trou de mémoire, Montréal, Cercle du livre de France, 1968.

L'Antiphonaire, Montréal, Cercle du livre de France, 1969.

Point de fuite, Montréal, Cercle du livre de France, 1971.

Neige noire, Montréal, La Presse, 1974.

Blocs erratiques, Montréal, Quinze, 1977.

Etudes sur Hubert Aquin
Ouvrages

Boucher, Yvon (sous la direction de), *Hubert Aquin,* «Le Québec littéraire 2», Montréal, Guérin, 1976.

Smart, Patricia, *Hubert Aquin agent double,* Montréal, les Presses de l'Université de Montréal, «Lignes québécoises», 1973, 139 p.

Articles et chapitres d'ouvrages

Allard, Jacques, «Prochain épisode», dans Parti pris, vol. 3, no 5, décembre 1965, pp. 60-63.

Bélanger, Jean, «L'Antiphonaire», dans *Etudes françaises,* vol. 6, no 2, mai 1970, pp. 214-219.

Bergeron, Léandre, «*Prochain épisode* et la révolution», dans *Voix et images du pays VI,* Montréal, les Presses de l'Université du Québec, mars 1973, pp. 123-129.

Bernard, Michel, «*Prochain épisode* ou l'autocritique d'une impuissance», dans *Parti pris,* vol. 4, nos 3-4, novembre-décembre 1966, pp. 78-87.

Berthiaume, André, «Le thème de l'hésitation dans *Prochain épisode*», dans *Liberté,* vol. 15, no 1, janvier-février 1973, pp. 135-148.

Chesneau, Albert, «Déchiffrons *l'Antiphonaire*», dans *Voix et images,* vol. 1, no 1, septembre 1975, Montréal, les Presses de l'Université du Québec, pp. 26-34.

Dionne, René, «Trou de Mémoire», dans *Etudes françaises,* vol. 4, no 4, novembre 1968, pp. 444-447.

Ethier-Blais, Jean, «Hubert Aquin — Témoin à charge», dans *Signets II,* Montréal, Cercle du livre de France, 1967, pp. 233-237.

Lefebvre, Jocelyne, «*Prochain épisode* ou le refus du livre», dans *Voix et images du pays V,* Montréal, les Presses de l'Université du Québec, 1972, pp. 141-164.

Legris, Renée, «Les structures d'un nouveau roman, *Prochain épisode*», dans *les Cahiers de Sainte-Marie I,* mai 1966, pp. 25-32.

Martel, Jean-Pierre, «*Trou de mémoire:* œuvre baroque (essai sur le dédoublement et le décor)», dans *Voix et images du pays VIII,* Montréal, les Presses de l'Université du Québec, avril 1974, pp. 67-104.

Pelletier, Jacques, «Sur *Neige noire* — L'œuvre ouverte de Hubert Aquin», dans *Voix et images,* vol. 1, no 1, septembre 1975, Montréal, les Presses de l'Université du Québec, pp. 19-25.

Smart, Patricia, «*Neige noire* — Hamlet et la coïncidence des contraires», dans *Etudes françaises,* vol. 11, no 2, mai 1975, Montréal, les Presses de l'Université de Montréal, pp. 143-150.

Voyez-vous Odile dans crocodile?
Le nez qui voque de Réjean Ducharme

Voyez-vous *Odile* dans *crocodile*?
Le nez qui voque de Réjean Ducharme

Si le premier roman d'Hubert Aquin fit l'effet d'une bombe, que dire de l'apparition dans le ciel littéraire québécois de Réjean Ducharme dont *L'Avalée des avalés* parut en 1966 et *Le nez qui voque* l'année suivante. Nous n'attendions pas davantage Ducharme qu'Aquin. Mais c'est le propre des grands écrivains de déranger, de faire irruption sans crier gare, d'arriver sans s'être fait annoncer et sans être invités, de s'imposer, de prendre toute la place, de changer radicalement les données d'une situation. Il est désormais impossible en littérature québécoise non seulement de ne pas tenir compte de l'œuvre de Ducharme mais surtout de continuer à écrire comme avant. Sa venue constitue un tournant, un changement de cap, qui s'est produit sans notre consentement mais dont nous devons subir les conséquences.

La publication des premiers romans de Ducharme coïncide avec la fin de ce qu'il est convenu d'appeler la révolution tranquille. Avec le recul de la dizaine d'années qui nous sépare de cette époque, nous pouvons mieux mesurer la nature des transformations sociales survenues au début des années soixante. En bref, cette époque se signale par le renversement, amorcé depuis la deuxième guerre mondiale, mais cette fois définitif, du monolithisme traditionnel de la société québécoise, et par l'accession de cette société à un type d'organisation économique très répandu dans le monde occidental, la société de consommation. En même temps que se manifeste au grand jour dans la société québécoise un puissant besoin de liberté, apparaissent aussi les entraves à la satisfaction de ce désir d'autonomie. En somme, la révolution tranquille a davantage servi les intérêts des grandes sociétés capitalistes que ceux des individus,

devenus des consommateurs — selon l'objectif visé par la grande
bourgeoisie québécoise, prête en conséquence à opérer certaines
réformes, notamment dans le domaine de l'instruction — mais en
maintenant à l'intérieur de limites rassurantes le besoin d'autodéter-
mination et de liberté des Québécois. On s'explique alors la stagnation
qui a prévalu à partir de 1966-1968: il convenait d'enrayer une
mécanique qui avait produit les résultats escomptés — favoriser la
grande entreprise — mais qui pouvait se retourner contre elle. La
révolution tranquille a éveillé dans l'esprit de la population québécoise le goût de la liberté, mais en lui refusant les moyens de
concrétiser ce rêve, l'enchaînant solidement dans les cadres nouveaux
— ceux du prêt à la consommation par exemple — qui ont remplacé
efficacement ceux de la famille et de la religion.

C'est tout cela que reflètent les premiers romans de Ducharme
qui manifestent une violente affirmation de soi et une révolte contre le
monde, affirmation de soi fondée sur la volonté de se bâtir contre le
monde. Rejet du monde qui se traduit par un rejet de la famille, de la
religion (quelle qu'elle soit), des cadres politiques, économiques et
moraux de cette société pourrie, perçus comme autant d'entraves à
l'affirmation de la personnalité individuelle. Pour lutter contre le
sentiment d'être avalé par toutes ces forces préhensibles, Ducharme
s'attaque notamment à la langue — qu'il s'emploie à désarticuler —,
considérée comme le véhicule et l'expression de la mécanique d'avale-
ment. Mais cette attaque, aussi furieuse soit-elle, et elle l'est, ne
s'inscrit-elle pas, selon une tradition semble-t-il indéracinable, en
dehors des réalités concrètes, portant sur le langage, qui traduit la représentation des choses mais non les choses elles-mêmes? Désarticuler
le langage ne risque-t-il pas d'être un acte compensatoire et n'a-t-il pas
les allures d'une fuite? La seule valeur qui échappe à la destruction chez
Ducharme, et qui est même célébrée, est celle de l'enfance, associée au
rêve et à une pureté inconciliable avec l'âge adulte. Que l'auteur de
prédilection des personnages ducharmiens, eux-mêmes enfants ou
adolescents qui s'acharnent à refuser l'inéluctable âge adulte, soit
Emile Nelligan, n'indique-t-il pas qu'à la suite d'une évolution de plus
d'un demi siècle, nous retrouvons le même sentier et remettons les
pieds dans les traces de nos pas?

J'ai choisi d'étudier un passage du *Nez qui voque* car ce

roman m'apparaît plus significatif de la manière de Ducharme que *l'Avalée des avalés* dont on a beaucoup parlé. Rappelons que même s'il fut publié un an après *l'Avalée, Le nez qui voque* fut écrit en premier. Ce roman est constitué essentiellement du journal de Mille Milles, jeune adolescent venu s'installer dans une chambre du Vieux Montréal, rue Saint-Paul, en compagnie de Chateaugué qui, elle, n'est pas encore sortie de l'enfance.

Le nez qui voque [1]

Pour Chateaugué, une culotte est des culottes. C'est parce qu'une culotte a deux pattes, je pense. L'usage du pantalon est, aussi, fort répandu. Presque tous les hommes portent le pantalon. Cependant, ils ne portent pas tous le même. J'aime la vérité et à l'énoncer. Je n'aime pas l'ambiguité. Etes-vous à la recherche de la vérité? Consultez les pages jaunes de votre bottin téléphonique. Je ne possède pas la vérité mais j'en possède une bonne dizaine. Voici l'une d'elles: L'île de Baffin, dans l'océan Arctique, a 178 700 milles carrés. En voici une autre: Les Chinois sont nombreux. En voici une troisième: Le centre biologique du Québec a une collection de 240 espèces de poissons. Je vous en confie une dernière: Jeanne d'Arc est morte depuis 1448; quand on meurt, c'est pour longtemps. Voyez-vous l'âne dans Jeanne? Crocodile. Tate n'a rien fait aujourd'hui qui vaille d'être relaté. Tate a vécu toute la journée, a mal vécu toute la journée. Voici, résumé en deux mots, tout ce qui s'est passé aujourd'hui: Chateaugué s'est cachée sous le lit pour me jouer un tour. Deux crocodiles noirs et deux concombres noirs sont-ils aussi beaux que deux tulipes noires et deux cygnes noirs? L'encre ne coûte pas cher. Fin. Voulez-vous de l'encre? Consultez les pages jaunes de l'annuaire du téléphone. L'eau est pour les marins. L'encre est pour les écrivains. Les marins et les écrivains se donnèrent des coups de pied sur la gueule et s'en allèrent. Voulez-vous de l'eau salée? Salez l'eau du robinet, votre eau courante, votre eau qui court. Voulez-vous boire de l'eau poivrée? Mettez du poivre dans votre eau courante.

---

1 Réjean Ducharme, *Le nez qui voque*, NRF, Gallimard, Paris, 1967. pp. 132-133.

Aimez-vous Brahms? Oui? Vous aimez Brahms? Eh bien, embrassez-le! Allez-y. Ne soyez pas timide. Il ne vous mangera pas; ce n'est pas un carnaval, ce n'est pas un anthropologiste, ce n'est pas un numismate. C'est mon cahier, et j'écrirai ce que je voudrai dedans. Voulez-vous des fautes d'orthographe? Faites-en! Faites-les vous-mêmes! Drive yourself! Quelle différence existe-t-il entre faîte et cime? Cime s'écrit sans accent circonflexe. Il y a beaucoup de Chinois sur la tête, sur la terre. Excusez, la langue m'a fourché. Notre porte, nos chaises, notre table et notre commode sont vertes. Un cheval, deux chevaux. Une idée. Deux zidées. Idée me fait penser à César. César fut assassiné aux ides de mars et il y a ides dans idée. Quelle sorte de littérature fais-je, Elphège? Est-ce de la littérature surréaliste, surrectionnelle, ou surrénale? N'ajustez pas votre appareil. Cassez-lui la gueule. Laissez-le faire et allez-vous-en. Chateaugué s'est cachée sous le lit et je ne l'ai même pas cherchée. Je l'aurais trouvée tout de suite, de toute façon. Je m'en vais me coucher. Je suis écœuré par moi-même. Pourquoi attendre qu'un autre m'écœure? Ouach! Ouachington! Jefferson! Lincoln! Buick! De Soto! Chevrolet! Plymouth! En avant, maman!

«Quelle sorte de littérature fais-je, Elphège?» se demande malicieusement Mille Milles, le narrateur. Avant de tenter de répondre à cette question par l'analyse du texte, commençons par nous interroger sur la présence de cette question à l'intérieur même du texte. Elle révèle qu'au moment même de la rédaction, le narrateur se regarde écrire et réfléchit sur l'exercice de l'écriture. Le texte joint ainsi une interrogation sur l'écriture à une pratique de l'écriture, comme si la composition et l'exécution étaient simultanées. Cette simultanéité s'oppose à l'existence d'un plan préétabli dont l'écriture ne serait que l'expression fidèle. La composition s'élabore au moment même de la rédaction. Placée sous le signe de l'aventure, de la spontanéité du moment présent, la rédaction s'accompagne d'un second regard du narrateur qui, à l'instant même où il trace les mots sur la page blanche, réfléchit sur ce qu'il écrit et fait œuvre de critique. Le texte suit les méandres de son élaboration, sans qu'aient été retranchés après coup les digressions, les temps morts, les détours.

C'est là un premier élément de réponse à la question du début. Le narrateur pratique une écriture que j'appellerais spontanée par opposition à une écriture réfléchie où le moment de l'expression, de la rédaction proprement dite, est somme toute la phase la moins importante de tout le processus. Pour Mille Milles le temps de l'écriture est le temps fort, celui où il construit et réfléchit tout à la fois. Aussi le texte fini — peut-on parler de texte fini dans ces conditions? — est-il radicalement différent de ce à quoi la littérature traditionnelle nous a habitués.

La réflexion de Mille Milles sur l'écriture et la littérature en général s'articule autour d'une double question, en fait la même, celle de la vérité et de la beauté. Mille Milles déclare: «J'aime la vérité et à l'énoncer. Je n'aime pas l'ambiguïté. Etes-vous à la recherche de la vérité? Consultez les pages jaunes de votre bottin téléphonique. Je ne possède pas la vérité mais j'en possède une bonne dizaine.» Qu'est-ce à dire? Que la Vérité avec majuscule n'existe pas. Que seule existe la vérité de chacun, les centaines et les milliers de vérités, vraies pour l'un, fausses pour l'autre. Lorsque Mille Milles affirme ne pas aimer l'ambiguïté, comprenons qu'il la cultive systématiquement — le titre du roman, *Le nez qui voque* (équivoque), l'affirme clairement. Pour Mille Milles, l'ambiguïté naît de la prétention d'énoncer la Vérité avec majuscule. Au contraire, cultiver ce qu'on appelle l'équivoque et l'ambiguïté, c'est concourir à énoncer des milliers de vérités, peut-être contradictoires, mais aussi vraies les unes que les autres, aussi banales, différentes, et nombreuses que les numéros de téléphone qu'aligne à côté du nom de chaque abonné le bottin téléphonique. Aussi Mille Milles poursuit-il: «Je ne possède pas la vérité mais j'en possède une bonne dizaine», Il aurait pu tout aussi bien dire plusieurs milliers. Et de s'employer tout aussitôt à en énoncer quelques-unes: la superficie de l'île de Baffin, le nombre d'espèces de poissons possédés par le centre biologique du Québec, et cette dernière: «Jeanne d'Arc est morte depuis 1448», volontairement fausse car Jeanne d'Arc est morte en réalité en 1431. Pourquoi Mille Milles nous confie-t-il cette fausseté sous couvert d'une vérité? Pour bien indiquer que sa vérité à lui n'est pas nécessairement celle des manuels d'histoire. De même (je n'ai pas vérifié), il est possible que 178 700 milles carrés ne soit pas la superficie exacte de l'île de Baffin, et que le centre biologique du Québec possède plus ou moins de 240 espèces de poissons — dans ce dernier cas le nombre risque de varier constamment selon les nouvelles acquisitions. La seule «vérité» énoncée par Mille Milles qui soit irréfutable — du moins pour le moment — est celle-ci: «Les Chinois sont nombreux». Mais cette vérité n'est pas d'un grand secours pour les amateurs de statistiques. Comment pourrait-il en être autrement puisque toute prétention à l'exactitude, et tout usage du langage des chiffres et des mathématiques, qui se veut essentiellement exact et précis, donne des «vérités» loin d'être incontestables. Comment donner le chiffre exact de la population chinoise qui varie à chaque seconde? Bref, la Vérité, même mathématique, est absurde, fausse, ambiguë.

Il en va de la Beauté comme de la Vérité. Mille Milles interroge le lecteur: «Deux crocodiles noirs et deux concombres noirs sont-ils aussi beaux que deux tulipes noires et deux cygnes noirs?». Comment répondre à pareille question? La beauté est chose personnelle. Mais la question de Mille Milles est plus subtile qu'elle ne paraît à première lecture. Des tulipes noires et des cygnes noirs existent dans la réalité, mais sont des espèces rares. Leur beauté viendrait-elle de leur rareté? Cependant, du moins à ma connaissance, je n'ai jamais entendu parler de «crocodiles noirs», ni de «concombres noirs». Il n'est pas interdit néanmoins d'imaginer un crocodile ou un concombre noir. Il s'agit seulement là d'une possibilité qui ne se trouve pas en ce moment actualisée. Peut-être l'a-t-elle été dans le passé, peut-être le sera-t-elle dans l'avenir? Ainsi la question de Mille Milles doit-elle se lire comme suit: Qu'est-ce qui est le plus beau: ce qui existe, mais rarement, ou les réalités créées par l'imagination? A chacun de répondre selon ses dispositions. Et c'est justement ce que pense Mille Milles: la Beauté n'existe pas plus que la Vérité. Chacun a sa ou ses conceptions de la beauté et de la vérité, chacun possède «une bonne dizaine» de vérités ou de beautés.

Que conclure de cette double constatation? Que le point de vue individuel doit primer sur tous les autres, qu'il doit exprimer la seule vérité qui ait un sens, celle de l'individu. L'écriture sera pour Mille Milles le moyen privilégié de s'affirmer contre le monde, de faire prévaloir son point de vue sur le réel, point de vue non seulement différent mais souvent en complète opposition avec le point de vue de différentes sciences et de la tradition. Ecoutons-le: «L'encre ne coûte pas cher. (...) L'encre est pour les écrivains. (...) C'est mon cahier, et j'écrirai ce que je voudrai dedans.» Toute présentation réaliste est rejetée du revers de la main. Pour Mille Milles le monde n'existe pas en soi mais n'a d'existence que pour celui qui le regarde. Aussi décrit-il dans son cahier le réel tel que lui, et pas un autre, le voit. A la limite, c'est aux rapports traditionnels écrivain-lecteur que s'attaque Mille Milles. Car qu'est-ce que lire le livre d'un autre sinon regarder le monde à partir du point de vue spécifique de cet autre, bref voir par procuration, se placer soi-même dans un état de dépendance. Chacun ne devrait-il pas plutôt écrire dans son cahier et ne jamais lire ceux des autres? C'est en tout cas ce à quoi Mille Milles invite son lecteur. Il lui pose une série de questions auxquelles il donne lui-même les réponses. Aux deux premières questions — «Etes-vous à la recherche de la vérité?» et «Voulez-vous de l'encre?» — il donne une même réponse — «Consultez les pages jaunes de votre bottin téléphonique.» — réponse farfelue qui, en plaçant en équivalence la recherche de la vérité et de l'encre, ridiculise toute quête de la vérité, mais qui signale que l'individu doit faire appel à quelqu'un d'autre. Aux questions suivantes — «Voulez-vous de l'eau salée?», «Voulez-vous boire de l'eau poivrée?», «Aimez-vous Brahms?» — Mille Milles répond différemment: il invite ici carrément le lecteur à se débrouiller seul. Si vous voulez de l'eau salée, ne regardez pas dans les pages jaunes pour trouver le nom de quelqu'un qui vous en fournira, mais salez vous-même l'eau de votre robinet. Ces trois questions en apparence anodines préparent en fait la suivante qui, elle, touche à la conception de l'écriture qu'adopte Mille Milles: «Voulez-vous des fautes d'ortho-graphe? Faites-en! Faites-les vous-mêmes! Drive yourself!». En d'autre mots, si vous n'aimez pas ce que j'écris, si ce que vous lisez vous ennuie ou vous horripile, achetez-vous votre propre cahier et écrivez ce que vous voulez dedans. Rien ne vous en empêche et personne ne pourra vous adresser de reproches. C'est cela que Mille Milles dit clairement dans la phrase: «N'ajustez pas votre appareil. Cassez-lui la gueule. Laissez-le faire et allez-vous en.» Rien ne sert d'essayer de comprendre. Si ce que vous lisez vous semble brouillé, confus, dites-vous que c'est voulu. Si cela ne vous plaît pas, laissez tomber, faites autre chose, rédigez votre propre livre. C'est une activité à la portée de tout le monde, puisque l'encre ne coûte pas cher.

Reprenons la question du début et ajoutons-y maintenant la

triple réponse sous forme de question que lui donne Mille Milles: «Quelle sorte de littérature fais-je, Elphège? Est-ce de la littérature surréaliste, surrectionnelle, ou surrénale?» Laissons de côté pour l'instant les jeux de sonorités et essayons de dégager la conception de la littérature que se fait Mille Milles. C'est une littérature qui véhicule dans un même mouvement la pratique et la critique, qui utilise l'écriture pour dénoncer l'absurdité du langage conventionnel, qui s'emploie à désarticuler la langue commune, en l'occurrence le français, impropre à traduire le point de vue spécifique de chacun. A la limite, chacun doit inventer sa langue pour exprimer son propre point de vue sur le réel. Dans *l'Avalée des avalés,* Bérénice Einberg, la narratrice, mettra au point une langue nouvelle, le bérénicien. De même Mille Milles fait fi de la fonction utilitaire de communication de la langue, ne s'attachant qu'à la seconde fonction, celle d'expression d'un point de vue personnel sur le réel, non réductible à aucun autre. Dans cette optique la littérature que pratique Mille Milles est surréaliste car elle traduit son affranchissement des valeurs reçues et du contrôle stérilisant de la raison — qu'importe la non-existence dans le réel de crocodiles noirs et de concombres noirs, Mille Milles les imagine, leur donne réalité, et ajoute une dimension de plus au réel. En prenant ainsi à contre-pied les idées et la langue reçues, en désarticulant la langue, la littérature que pratique Mille Milles peut aussi se dire «surrectionnelle» par analogie avec le terme géologique «surrection» qui désigne le soulèvement en bloc d'une zone de l'écorce terrestre. Enfin cette littérature peut aussi être qualifiée de «surrénale» puisqu'elle vise à provoquer chez le lecteur irritation et excitation, à l'instar des glandes endocrines, placées au sommet des reins, et qui produisent l'adrénaline, hormone dont l'action physiologique est comparable à celle de l'excitation du système nerveux.

Voyons maintenant comment se traduit dans le concret de l'écriture cette volonté subversive. Deux remarques tout d'abord sur la perspective narrative. Le passage, comme tout le roman, est écrit dans la perspective d'un *je*, Mille Milles, point de vue sciemment subjectif et déformant, dont le but est de traduire le monde tel que le narrateur le perçoit. Aucune concession n'est faite au réalisme. Cet unique point de vue volontairement restrictif se double d'une attitude très agressive à l'endroit du lecteur, c'est-à-dire à l'endroit de points de vue autres et possiblement différents de celui du narrateur, comme si une sorte d'état de guerre régnait entre narrateur et lecteur. Loin de chercher à se ménager la complicité du lecteur, comme il est d'usage, Mille Milles, non seulement ne fait aucun effort pour ajuster son point de vue à celui du lecteur ou encore pour faciliter à ce dernier l'acceptation de son propre point de vue, mais recherche au contraire à le heurter, à l'exacerber, à le frustrer. Le narrateur s'adresse constamment au lecteur mais pour se moquer de lui, pour le tourner en ridicule, pour finir par lui dire que s'il n'est pas content, il n'a qu'à laisser le livre là et à écrire le sien. Il semble que le besoin de provocation soit vital pour Mille Milles — aveu de faiblesse — ce qui explique que son cahier soit publié. Mille Milles ne peut se poser qu'en s'opposant, a besoin des autres ne serait-ce que pour s'en distinguer et affirmer sa personnalité propre.

La volonté subversive du narrateur s'exerce principalement sur la langue, et ce à tous les niveaux: orthographe, grammaire, syntaxe. Prenons tout d'abord le cas de l'orthographe. Mille Milles explique ainsi la différence entre les mots faîte et cime: «Cime s'écrit sans accent circonflexe.» Certes il s'agit là d'une différence mais non fondamentale. Le dictionnaire, en nous donnant la définition des deux mots, précise leur sens différents. Mais là n'est pas la chose essentielle pour Mille Milles qui survalorise un élément en soi mineur, l'accent circonflexe, et en fait le critère de distinction des deux mots. De même pourrait-on dire que la différence entre tache et tâche est aussi l'accent circonflexe, le sens du mot reposant tout entier sur l'accent, signe de la fragilité d'un code — le langage — que l'on peut aisément perturber par la suppression ou l'ajout d'un pauvre petit accent. Lorsque Mille Milles écrit: «Un cheval. Deux chevaux. Une idée. Deux zidées.» que fait-il si non épingler l'arbitraire des conventions régissant l'orthographe? Ne doit-on pas faire la liaison et prononcer «deux zidées»? Alors pourquoi écrit-on «deux idées» contre toute vraisemblance? La prétendue logique de la langue française est donc facilement perméable. En vérité ce qui est tenu pour logique ne l'est pas toujours, le conventionnel tenant souvent lieu de logique. Mais qui y songe?

A l'aide d'un exemple fort simple, le narrateur fait le procès conjoint de l'orthographe et de la grammaire: «Pour Chateaugué, une culotte est des culottes. C'est parce qu'une culotte a deux pattes, je pense. L'usage du pantalon est, aussi, fort répandu. Presque tous les hommes portent le pantalon. Cependant, ils ne portent pas tous le même.» Dans cet exemple, Mille Milles s'en prend tout d'abord à la distinction entre deux niveaux de langue. Le niveau littéraire commande l'emploi du singulier «une culotte», plutôt que le moderne et familier «des culottes». Cette convention est loin d'être logique puisque, comme l'a remarqué Chateaugué, une culotte ayant «deux pattes», il semble plus normal de désigner la chose par le pluriel «des culottes». L'usage littéraire du singulier n'est-il pas contraire à l'exactitude et à la clarté? De quel droit une convention aussi facilement contestable prévaut-elle? Mille Milles poursuit: «Tous les hommes portent le pantalon.» Ici l'article défini singulier «le», n'est-il pas source d'ambiguïté au point où Mille Milles a raison de préciser: «Cependant, ils ne portent pas tous même». Mille Milles n'a donc aucun mal à démontrer l'ambiguïté du code clair et précis que se veut la langue française dont les règles orthographiques et grammaticales reposent non sur la logique mais sur des conventions arbitraires, souvent à l'encontre de toute logique.

Mille Milles s'attaque aussi à l'arbitraire de certaines expressions courantes en les prenant au pied de la lettre, faisant apparaître à côté du sens conventionnel un autre sens auquel d'ordinaire personne ne songe. Lorsqu'on parle d'eau salée, on pense immédiatement à l'eau de la mer et non à l'eau du robinet à laquelle on ajouterait du sel. De même l'expression «eau courante» désigne l'eau du robinet et non littéralement de l'eau «qui court». Voici une déformation plus subtile: «Je suis écœuré par moi-même. Pourquoi attendre qu'un autre m'écœure?», où le pronom réfléchi sur lequel d'ordinaire on glisse, devient ici le cœur de la phrase. Mais la plus belle réussite revient sans conteste à: «Aimez-vous Brahms? Oui? Vous aimez Brahms? Et bien, embrassez-le! Allez-y. Ne soyez pas timide». Lorsque nous lisons «Aimez-vous Brahms?», deux sens se présentent en même temps à notre esprit: aimez-vous la musique de Brahms; ou encore songe-t-on au titre du roman de Françoise Sagan. Mais Mille Milles choisit une troisième possibilité à laquelle personne ne songe et que véhicule pourtant la phrase, celle où Brahms ne désigne plus qu'un homme, et la question construite sur le mode connu, aimez-vous Pierre, aimez-vous Paul, aimez-vous Brahms?, suivie de la réponse normale en pareil cas: «Oui? Vous aimez Brahms? Eh bien, embrassez-le!»

Mille Milles s'en prend aussi au sens restrictif que la langue donne aux mots, dans le but évident d'assurer la clarté de la communication. Par de nombreux jeux phonétiques sur les mots, il dévoile leur pouvoir évocateur et se moque du même coup de toute explication étymologique. Bref, libre à chacun de voir dans les mots ce qu'il veut bien y mettre surtout si les sons nous y invitent. Ainsi Mille Milles voit se profiler dans le mot «idées» la silhouette de César assassiné aux «ides» de Mars. Il demande: «Voyez-vous l'âne dans Jeanne?», faisant d'une pierre deux coups, s'attaquant à la fois à la langue française et au personnage historique puisqu'il ne s'agit pas d'une quelconque Jeanne mais de Jeanne d'Arc. Lorsqu'il écrit «L'eau est pour les marins. L'encre est pour les écrivains», il joue sur les sonorités semblables des mots encre et ancre. Il prend plaisir à confondre tête et terre, à aligner les adjectifs de sens très différents mais dont le préfixe est identique — surréaliste, surrectionnelle, surrénale —, se moque de la littérature et de la sienne en particulier en jouant sur des sonorités semblables: «Quelle sorte de littérature fais-je, Elphège?» Enfin par le biais de jeux phonétiques sur les mots, il s'en prend à la fois à l'orthographe et à l'histoire: «Ouach! Ouachington! Jefferson! Lincoln! Buick! De Soto! Chevrolet! Plymouth!», énumération qui débute par une interjection-onomatopée dont le son — et partant pour Mille Milles l'orthographe — est identique à la première syllabe du mot Washington, nom qui entraîne à la suite celui d'autres personnages de l'histoire américaine — Jefferson, Lincoln —. Mais ce dernier nom désignant une marque de voiture, la suite de l'énumération bifurque: Buick et Chevrolet, des marques de voiture, sont mises sur le même pied que des personnages historiques dont le nom désigne aussi des marques de voitures — Lincoln, De Soto, Plymouth — au point qu'on ne sait plus si ce sont les voitures qui ont le même nom que les hommes, ou les hommes qui portent celui des voitures.

Enfin Mille Milles prend plaisir à disloquer des expressions figées en y substituant un mot ou en utilisant l'expression intégrale mais en la plaçant dans un contexte de discordance. Lorsqu'il écrit «Jeanne d'Arc est morte depuis 1448», en plus de donner une date inexacte, 1448 au lieu de 1431, il substitue à la préposition «en» — morte en 1448 — la préposition «depuis» qui change complètement le sens de la phrase: «être morte» devient une action commencée en 1448 et se poursuivant encore au moment présent. Avouons qu'il s'agit là d'un point de vue assez neuf sur la mort. La même idée se dégage de la phrase «Quand on meurt, c'est pour longtemps», phrase dont la structure est connue, logique, mais dans laquelle le narrateur glisse deux mots, ou deux notions, celle de la mort et celle de la durée, que l'on est habitué à percevoir comme opposés. La substitution d'un mot dans une expression figée sert aussi à Mille Milles à se moquer du lecteur à qui il demande s'il veut de l'eau poivrée — passe encore pour l'eau salée, mais qui a entendu parler d'eau poivrée — ou à tourner en ridicule, en lui donnant des proportions quasi homériques, une action qu'il décrit: marins et écrivains ne se donnent pas des «coups de poings sur la gueule», mais «des coups de pied». Enfin, en deux occasions, Mille Milles reproduit telle quelle une expression cliché mais en lui donnant un sens tout à fait neuf. Tout le monde connaît l'expression «Drive yourself» utilisée dans le commerce. Mais lorsque le narrateur écrit: «Voulez-vous des fautes d'orthographe? Faites-en! Faites-les vous-même! Drive yourself!», il invite son lecteur à prendre lui-même le volant, à s'acheter un cahier et à écrire lui-même au lieu de se laisser conduire par Mille Milles. De même lorsque Mille Milles lance au lecteur «N'ajustez pas votre appareil», il utilise l'expression qui apparaît sur l'écran de télévision en cas de difficultés de transmission, ce qui est précisément le cas ici, le lecteur ne sachant trop s'il a mal lu ou si c'est le narrateur qui déraille.

J'ai gardé pour la fin une phrase dans laquelle Mille Milles réalise un numéro de haute voltige qui laisse le lecteur abasourdi. Après avoir demandé au lecteur «Aimez-vous Brahms?» et, sur sa réponse affirmative, l'avoir encouragé à l'embrasser, il ajoute: «Il ne vous mangera pas; ce n'est pas un carnaval, ce n'est pas un anthropologiste, ce n'est pas un numismate.» Je ne pense pas beaucoup me tromper en avançant que la plupart des lecteurs ne comprennent pas la liaison logique qui, selon la construction de la phrase, doit exister entre le fait de ne pas manger, et le fait que Brahms ne soit pas un carnaval, un anthropologiste, un numismate. Une première explication de cette phrase, c'est que justement il n'y a pas de liaison entre les deux parties de la phrase, alors que logiquement il devrait y en avoir une de cause à effet, Mille Milles utilisant une structure logique mais l'investissant d'un lexique incompatible. Le but visé, et atteint, est de désarticuler le langage. Une deuxième explication plus ardue, et certainement sujette à caution, pose comme principe qu'il y a liaison entre les deux parties de la phrase mais que cette liaison, loin d'être évidente, n'est pas celle que le lecteur attend. Quelle peut-elle être? La relation entre «il ne vous mangera pas» et «ce n'est pas un carnaval» s'éclaire si l'on prend «carnaval» dans son acception de mannequin grotesque personnifiant le carnaval, d'homme bizarre, grotesque. Mais quelle relation unit «il ne vous mangera pas» et «ce n'est pas un anthropologiste»? Si l'on songe que l'anthropologie regroupe des sciences étudiant l'homme et en particulier les caractères anatomiques de l'homme considéré dans la chaîne animale et que d'autre part «anthropologiste» fait penser à «anthropophage», alors on s'explique le «il ne vous mangera pas» pris ici au pied de la lettre. Enfin que vient faire le «ce n'est pas un numismate»? Outre qu'un numismate, en tant que spécialiste de médailles et de monnaies anciennes, s'intéresse au passé tout comme l'anthropologiste, il y a dans le mot numismate, en le décomposant, les mots nu et mate, amateur de nu, ce qui explique le «il ne vous mangera pas». J'avoue que toute cette explication est un peu, beaucoup tirée par les cheveux, que la première est plus simple et expéditive, mais j'ai tenu à la donner car elle ne me semble pas dénuée de fondement. Elle illustre en tout cas à quel point Mille Milles fait bon marché de la logique de la langue française.

Maintenant que nous avons vu comment au niveau des mots et de la phrase Mille Milles s'applique à désarticuler le langage, jetons un regard sur la composition du passage, sur la liaison ou l'absence de liaison des phrases entre elles. Une première remarque qui vaut non seulement pour le passage étudié mais pour tout le roman: la prépondérance évidente du discours sur la narration. La partie narrative constituée par la relation des activités quotidiennes de Mille Milles et de Chateaugué est continuellement laissée en plan au profit des commentaires du narrateur qui prolifèrent dans un foisonnement placé à l'enseigne de l'asyndète jusqu'à étouffer la narration. Cette prépondérance du discours traduit le peu de cas que fait Mille Milles du réel par rapport à l'univers personnel dont le réel n'est que le point de départ. La première phrase du texte — «Pour Chateaugué, une culotte est des culottes» — constitue un énoncé narratif à partir duquel Mille Milles entreprend un long discours, qui se poursuit jusqu'à «Crocodile», et dans lequel il s'en prend aux règles de l'orthographe, de la grammaire et de la syntaxe. Ce discours est dans l'ensemble de facture logique, l'enchaînement des phrases ne posant pas de difficulté de compréhension. Mais notons tout de même: 1°) que la réponse à la question «Etes-vous à la recherche de la vérité?» est pour le moins farfelue — «Consultez les pages jaunes.»; 2°) que les «vérités» que nous débite Mille Milles n'en sont peut-être pas — Jeanne d'Arc est morte en 1431 et non en 1448 —, qu'elles n'ont rien à voir avec le récit, que si la fantaisie en prenait au narrateur il pourrait continuer à en aligner pendant deux cents pages, et qu'enfin leur énumération, sous prétexte d'exactitude, loin d'éclairer le lecteur, l'égare; 3°) que le «voyez-vous l'âne dans J*eanne*?» sape à la fois la vérité linguistique et la vérité historique, et qu'enfin 4°) tout ce discours vient buter sur un mot «Crocodile» dont on s'explique mal l'émergence. La fonction de ce mot mystère m'apparaît triple. D'une part, il rompt l'ordre du discours, n'étant apparemment lié à rien de ce qui précède. D'autre part, il est lié à l'âne présent dans la phrase précédente. Enfin et surtout, le mot crocodile est placé là comme une invitation au lecteur d'y voir ce qu'il veut bien y voir. Ainsi, à l'exemple de Mille Milles qui a vu l'âne dans Jeanne, moi je vois Odile dans crocodile, découvrant la femme dans l'animal alors que Mille Milles a vu l'animal dans la femme.

La narration reprend ensuite: «Tate n'a rien fait aujourd'hui qui vaille d'être relaté. Tate a vécu toute la journée, a mal vécu toute la journée. Voici, résumé en deux mots, tout ce qui s'est passé aujourd'hui: Chateaugué s'est cachée sous le lit pour me jouer un tour.» Mais cette narration est à nouveau interrompue par un très long discours qui va de «Deux crocodiles noirs...» jusqu'à «allez-vous-en». Je ne reviendrai pas sur cette partie dont j'ai analysé la plupart des phrases sauf pour rappeler que les interpellations de Mille Milles au lecteur illustrent son agressivité à l'endroit du point de vue d'autrui et sa volonté d'affirmer violemment le sien en laissant libre cours à ses impulsions, quitte, à la fin, à inviter le lecteur à passer de l'état de lecteur à celui d'écrivain en s'achetant de l'encre et un cahier. A la suite de quoi, Mille Milles reprend sa narration là où il l'avait abandonnée: «Chateaugué s'est cachée sous le lit et je ne l'ai même pas cherchée. Je l'aurais trouvée tout de suite, de toute façon. Je m'en vais me coucher. Je suis écœuré par moi-même. Pourquoi attendre qu'un autre m'écœure?» Narration qui s'abîme dans un feu d'artifice — l'énumération fantaisiste des voitures-personnages ou personnages-voitures — et dont le point final — «En avant, maman!» — est un pied de nez — désarticulation d'une expression connue — dirigée à la fois contre le lecteur et contre le texte même du narrateur qui rit de lui-même et ne prend pas plus au sérieux sa littérature que celle des autres.

La conception de la littérature et de l'écriture de Mille Milles me laisse perplexe. D'une part je ne peux m'empêcher de remarquer que sa volonté furieuse de privilégier exclusivement son propre point de vue sur le monde, de tourner résolument le dos au réel avalant et avilissant et de s'enfermer dans un univers imaginaire comme pour se protéger du monde extérieur, ressemble fort à une attitude profondément enracinée dans l'âme québécoise: l'incapacité chronique d'affronter le réel, de le maîtriser, de l'organiser, de le transformer dans le sens de nos aspirations profondes. L'écriture devient alors le moyen de masquer notre échec, de sublimer notre fuite en lui donnant des airs de conquête. Par ailleurs je ne peux m'empêcher aussi de songer que si par extraordinaire demain tous se mettaient à voir l'âne dans Jeanne, à désarticuler le langage en le réinventant et en le recréant à chaque instant, ce serait là le signe d'un état d'esprit subversif auquel le réel à son tour ne saurait opposer une longue résistance. L'avenir dira si aujourd'hui nous remettons les pieds dans nos propres traces ou si nous nous aventurons dans des terres que nous n'avions jamais osé explorer.

Réjean Ducharme (né en 1942)

Œuvres de Réjean Ducharme

L'Avalée des avalés, Paris, Gallimard, 1966.

Le nez qui voque, Paris, Gallimard, 1967.

L'Océantume, Paris, Gallimard, 1968.

La Fille de Christophe Colomb, Paris, Gallimard, 1969.

L'Hiver de force, Paris, Gallimard, 1973.

Les Enfantômes, Paris, Gallimard, 1976.

Etudes sur Réjean Ducharme
Articles et chapitres d'ouvrages

Chouinard, Marcel, «Réjean Ducharme: un langage violenté», dans *Liberté,* vol. 12, no 1, janvier-février 1970, pp. 109-130.

Dupriez, Bernard, «Ducharme et des ficelles», dans *Voix et images du pays V,* Montréal, les Presses de l'Université du Québec, janvier 1972, pp. 165-185.

En collaboration, «Avec-vous relu Ducharme?», numéro spécial d'*Etudes françaises,* vol. 11, nos 3-4, octobre 1975, Montréal, les Presses de l'Université de Montréal.

Godin, Jean-Cléo, «*L'Avalée des avalés* ou le refus d'être adulte», dans *La Revue de l'Université d'Ottawa,* vol. 38, no 3, juillet-septembre 1968, pp. 524-541.

Lepage, Yvan-G., «Pour une approche sociologique de l'œuvre de Réjean Ducharme», dans *Livres et auteurs québécois 1971,* Montréal, Jumonville, pp. 285-294.

Marcotte, Gilles, «Réjean Ducharme contre Blasey Blasey», dans *Le Roman à l'imparfait,* Montréal, La Presse, 1976, pp. 57-92.

Van Schendel, Michel, «Ducharme l'inquiétant», dans *Littérature canadienne-française,* Conférences J.-A. de Sève, 1-10», Montréal, les Presses de l'Université de Montréal, 1969.

Postface

Ecrire est toujours le témoignage d'un homme et, à travers lui et souvent malgré lui, d'une époque, d'un milieu, par rapport auxquels il ne peut s'empêcher de se situer. Le refus de témoigner est encore une forme de témoignage: celui de quelqu'un qui refuse d'assumer l'inévitable. Pour reprendre l'expression de J.-P. Sartre, l'écrivain, quoi qu'il fasse, est toujours «dans le coup». J'ai achevé la rédaction des analyses qui précèdent en octobre 1976. Quelques semaines plus tard survenait le 15 novembre, et quelques mois plus tard Hubert Aquin se suicidait dans «les jardins publics d'une institution privée» comme l'a noté Jacques Godbout. Ceci pour dire que ces analyses ont été rédigées dans une période qui avait tout d'une traversée du désert dont personne ne prévoyait la fin de façon aussi abrupte et spectaculaire. Si je devais les réécrire aujourd'hui, je le ferais sans doute dans un esprit différent.

C'est précisément ce phénomène d'osmose entre l'individu et le milieu que j'ai tenté d'étudier chez les autres après l'avoir ressenti en moi. Je suis conscient de l'imperfection des résultats obtenus. Si l'analyse de la structure formelle de chacun des textes me semble être ce qu'il y a de plus réussi ou de moins mauvais, selon le point de vue, la jonction entre ces stuctures formelles et les structures sociales est ressentie intuitivement, avec tous les risques d'erreurs que cela entraîne, plutôt que démontrée scientifiquement. A ma décharge, je dirai que très peu a été fait dans ce domaine en littérature québécoise. Jusqu'à maintenant les littéraires ne se sont pas beaucoup intéressés aux rapports existants entre formes littéraires et structures sociales. Il est révélateur que le pionnier en ce domaine est un sociologue de formation, M. Jean-Charles Falardeau, dont la grande culture littéraire l'a fait se pencher le premier sur cette question[1]. On ne peut

---

1 Voir notamment: Falardeau, Jean-Charles, *Notre société et son roman*, Montréal, H.M.H., 1967.
Imaginaire social et littérature, Montréal, H.M.H., 1974.

lui reprocher d'avoir abordé l'étude d'œuvres littéraires en sociologue.
Mais, ce faisant, l'essentiel de toute œuvre littéraire, sa structure
formelle, se trouvait reléguée au second plan au profit d'éléments
constituants de cette structure (décor, personnages, etc.). L'organisation de ces nombreux éléments en vue de créer une forme significative
est pour moi l'essentiel. Le texte le plus éclairant écrit par un littéraire
québécois sur le sujet m'apparaît celui de Roland Bourneuf, «Formes
littéraires et réalités sociales dans le roman québécois»[2]. L'auteur
indique la voie à la recherche: «L'étude des formes — procédés stylistiques, composition, caractérisation des personnages, conception de
l'intrigue, choix du point de vue narratif, etc. — fournit des indices
beaucoup plus sûrs d'une situation socio-culturelle globale, et, en
l'occurrence, d'une crise.» Bref, il s'agit de relier des notions socio-
culturelles et des formes littéraires. C'est ce que je me suis efforcé de
faire dans ces textes.

---

2 Bourneuf, Roland, «Formes littéraires et réalités sociales dans le roman québécois», dans
Livres et auteurs québécois 1970, Montréal, Jumonville, 1971, pp. 265-269.

Achevé d'imprimer par les travailleurs
des ateliers Marquis Ltée de Montmagny
le trois novembre mil neuf cent soixante-dix-sept